Die Macht der Narzissten

Wie Sie sich im Umgang mit Narzissten verhalten sollten

Sabrina Kutsche

1. Auflage
Franz-Henle-Straße 2
65929 Frankfurt am Main
E-Mail: Sabrina.Kutsche@gmail.com

Inhaltsverzeichnis

Vorwort

Liebe Leser und Leserinnen,

Heute werde ich meine dunkele Maske ablegen und Ihnen verraten, dass ich meine Vergangenheit sehr zu schätzen weiß.

Wäre ich in keiner Ehe mit meinem Ex gewesen, dann wären meine drei wundervollen Kinder heute nicht bei mir.
Ich bin dankbar für die unerträglichen Schmerzen, die ich erleiden musste und auch dankbar für jede Träne, die ich vergossen habe. Nichtsdestotrotz, habe ich aus all dem Leid und Elend eine Lektion mitnehmen können: Vertraue nicht immer blind einem Narzissten, gleichgültig wie viel Charme und Humor er doch besitzen mag; *Der Schein trügt nämlich.*
Es ist ganz und gar nicht leicht jahrelang mit einem „Egomanen“ zusammen zu leben, aber alles hat dann doch irgendwo seinen Sinn ergeben. Seien Sie sich bewusst, dass Sie genau das nicht brauchen: Eine Person, die Ihnen Lügen auf dem Silbertablett serviert und Ihnen glaubhaft machen

möchte, dass Sie dessen Lebenselixier seien.

Nichts ist leichter als Selbstbetrug, denn was ein Mensch wahrhaben möchte, hält er auch für wahr. - Demosthenes

Genau das war mein Problem:
Ich habe mir selbst vorgemacht, dass sich mein Mann, den ich immer sehr zu schätzen wusste, tatsächlich für mich interessieren würde. Zuneigung und Liebe waren aber nur selten in unserer Ehe vorhanden und das alleine wäre schon ein Indiz für mich gewesen, ihm viel früher die kalte Schulter zu zeigen. Gutherzig, wic ich nun einmal bin, habe ich mir selbst eingeredet, dass das alles nur eine anstrengende Lebensphase für ihn ist und er sich früher oder später zum Guten hin ändern wird. Folglich blieb mir nichts anderes übrig als zu warten, bis ich schließlich erkannt habe, dass warten eines meiner größten Fehlentscheidungen im Leben gewesen ist. Ich hätte viel früher agieren müssen, denn von Tag zu Tag wurde die Situation mit meinem Mann immer unerträglicher. Die toxische Beziehung zu ihm hat mir nicht nur meinen Verstand geraubt, sondern meine Sicht auf die Realität mit der, der Illusion vermischt.

Meine Erkenntnis: Ein Narzisst mag auf den ersten Blick selbstsicher auftreten, dies muss jedoch nicht gleich heißen, dass es ihm gefühlsmäßig dementsprechend ergeht.

Um anderen Frauen, aber auch betroffenen Männern, die unter ihrem narzisstischen Partner leiden, solch langfristige seelische Schäden zu ersparen, wollte ich meinen Senf zum Thema Narzissmus dazugeben und Klartext sprechen.

Einleitung

Es waren die schönen und schmerzhaften Momente, die uns zwei verbanden.

Eine toxische Beziehung - *mit dem Ehepartner oder auch den eigenen Eltern?*

Nicht selten ein häufiges Problem in unserer Gesellschaft.

Wenn da nicht die eine Sache wäre, die mich davon abhielt, solche Menschen aus meinem Leben zu verbannen: *Liebe.*

Das Gefühl für meinen Ehemann sein Ein und Alles zu sein, ließ mich unschöne Worte von ihm akzeptieren, die er mir ständig unter die Nase rieb und ich wortlos verdauen musste.

Seine Zuneigung war alles, wonach ich mich sehnte und dafür nahm ich auch seine wagen und rücksichtslosen Bemerkungen mir gegenüber in Kauf. Meine Kinder bemerkten schnell, dass da irgendetwas in unserer Beziehung nicht mit rechten Dingen zuging.

„Mama, ist alles okay mit dir und Papa?“, waren die ersten Worte meiner 12-jährigen Tochter, die plötzlich viel zu erwachsen auf mich wirkte.

Natürlich blieb mir, als fürsorgliche Mutter von drei Kindern,

die ihre Kinder selbstverständlich über alles liebte, nichts anderes übrig als die Situation spielend zu verharmlosen.
Ich fühlte mich in solchen Momenten nicht nur betrübt und deprimiert, weil ich mir selbst eingestehen musste, dass meine Tochter die Situation in der Tat richtig erfasst hatte, sondern war auch frustriert von mir selbst.
Diese Enttäuschung machte mich völlig krank bis zum Zeitpunkt, wo ich die Beziehung zu meinem Mann kritisch unter die Lupe nehmen musste.

War ich blind vor Liebe gewesen, um zu erkennen, wie schlecht es mir mit meinem Mann in Wirklichkeit ergeht?

War ich tatsächlich viel zu gutherzig zu ihm, indem ich alle seine Bedürfnisse weitestgehend zu befriedigen versuchte?

Hab ich es überhaupt verdient, ständig herumkommandiert zu werden?

Doch was mich am tiefsten traf, war die Tatsache, dass mein Mann von einem Moment auf den Anderen die tollste Person auf Erden zu sein schien und sich im nächsten Moment wie die allerletzte Person verhielt.
Nach acht Jahren Ehe gab es grundsätzlich nicht viel Raum, um unsere Beziehung überhaupt infrage zu stellen.
Für mich und vor allem für meine Kinder wäre eine Trennung

einfach schmerzhaft und unangebracht gewesen.
Mein Problem war wohl eher: *Soll ich mich wirklich aufgrund der Stimmungsschwankungen meines Mannes von ihm trennen?*

Meiner anhaltenden Unsicherheit wegen, blieb mir nichts anderes übrig als die Unterhaltung mit meinem Mann zu suchen. Dieser schien alles andere als begeistert über mein kritisches Verhalten zu sein. Meine Aufrichtigkeit verletzte ihn, während seine Aussagen umso inadäquater waren: „Willst du mir vorwerfen ein schrecklicher Ehemann zu sein? Meinst du, ich habe all die Jahre mit dir zusammen gelebt, um mir dann von dir anhören zu müssen, dass ich egoistisch und verstört sei?"

Wie mag sich eine Frau in diesem Moment wohl fühlen?

Er fuhr gekonnt fort: „Ich schätze dich und bin tagtäglich bei dir, aber das reicht dir anscheinend nicht?! Du machst mich buchstäblich krank. Was hast du je für mich getan? Bin ich nicht die Person, die unsere Ehe mehr oder weniger infrage stellen sollte?"
Und da fiel es mir wie Schuppen von den Augen: Er selbst sieht also ein, dass etwas nicht wie erhofft zwischen uns beiden zu funktionieren scheint. *War ich also auf dem richtigen Weg gewesen, mich gezielt von ihm zu distanzieren?*

Wie jede andere verzweifelte Frau sehnte ich mich nach Rat, Unterstützung und Verständnis. Verzweifelt und enttäuscht von mir selbst, wagte ich mich Foren im Internet zu durchstöbern bis ich schließlich auf das Wort „Narzissmus“ traf. Mir war klar, dass Narzissmus grundsätzlich eine selbstverliebte und manipulative Einstellung gegenüber Menschen kennzeichnet, aber das dahinter viel eher eine gestörte Persönlichkeit steckt, war mir bis dato nicht bewusst.

Dass ich überhaupt einmal auf das Thema Narzissmus in aller Öffentlichkeit zu sprechen kommen würde, hätte ich mir nie träumen lassen.
Da ich jedoch erkannt habe, dass viel mehr Menschen in einer toxischen Beziehung stecken als gedacht und nicht mehr heraus wissen, habe ich es mir zur Bestimmung gemacht, meine Erfahrungen mit euch zu teilen und über das Thema Narzissmus so gut wie möglich aufzuklären.

Ich als Frau kann Ihnen nur eins verraten: Die Wunden, die ein Narzisst hervorrufen kann, werden meistens bleiben, aber wenn Sie viel zu lange zögern und nicht rechtzeitig handeln, dann werden die Narben von Tag zu Tag gravierender und schmerzhafter sein.
Narben bleiben, doch die richtige Entscheidung wird eine immense Auswirkung auf Ihre Lebenseinstellung und Psyche haben.

Unterschätzen Sie daher niemals Ihre Psyche und suchen Sie sich die nötige Hilfe, wenn Ihnen danach ist. Ob das nun die narzisstische Mutter oder auch der eigene Vater ist, vielleicht sogar Freunde oder die eigenen Kinder: Denken Sie nicht allzu lange über Ihre Entscheidung nach und wagen Sie es einen Schritt nach vorne zu gehen. Bereuen tun Menschen häufig erst etwas im Leben, wenn es zu spät ist und ein "hätte ich doch" wird Ihnen dann auch nicht mehr weiter verhelfen.

Was erwartet Sie nun in diesem Buch?

Ich werde Ihnen zunächst erklären, warum Narzissmus überhaupt eine große Gefährdung für eine Beziehung darstellen kann. Dabei werde ich nicht nur auf die Ursachen, sondern auch auf allerlei Sorten einer narzisstischen Persönlichkeitsstörung eingehen. Wie Sie vielleicht schon erkannt haben: Narzissmus ist heutzutage weiter verbreitet denn je, was zahlreiche Untersuchungen immer wieder bestätigen konnten. Daher kann ich Ihnen ans Herz legen, dieses Buch mit bedacht zu lesen. Ob Sie nun selbst von Narzissmus betroffen sind, sich davor schützen wollen oder anderen dabei helfen wollen, einer toxischen Beziehung zu entfliehen, spielt hierbei keine entscheidende Rolle.

Ich wünsche Ihnen deshalb eine spannende Reise in die Welt der Narzissten.

Kapitel 1

Der Narzisst in der Beziehung bist du

Ich starrte den Mann, den ich nur zu gut kannte, mit einem verwirrten Gesichtsausdruck an.
„Ach ja, und jetzt bin ich schon wieder Schuld daran, dass du nichts vernünftig auf die Reihe bekommen kannst.“
Mit verschränkten Armen stellt er sich vor mich hin. „Ich und nichts auf die Reihe kriegen? Was fällt dir eigentlich ein?“
Kopfschüttelnd lief er im Schlafzimmer hin und her.
Ich war nervös. Schon wieder.
„So sieht es doch gerade aus. Du jammerst, weil ich den Dreck hier nicht weggeräumt habe. Und wer hat ihn wohl verursacht? Gute Frage.“ Frustriert ballte ich meine Fäuste zusammen. *Schon wieder.*
Mein Mann seufzte laut: „Siehst du, du musst immer ausflippen, wenn dir etwas nicht passt. Beruhig dich doch endlich mal. Atme tief ein und aus…Genauso wie bei der Geburt von Mark. Kann doch nicht so schwer sein, oder?“
Ich und ausflippen? Er kann mich mal. Und was wagt er es

sich über die Geburt unseres Sohnes lustig zu machen?
Laut gähnend verließ er das Schlafzimmer. „Du machst dich echt lächerlich. Jetzt würde ich gerne *typisch Frau* sagen, aber nicht jede Frau ist so eine Furie wie du.“ *Wie bitte?*
„Was ist verdammt nochmal los mit dir?“ *Nun hatte ich es wirklich satt.*
Mein Mann zuckte mit den Schultern. „Du bist los. “ *Idiot.*
Ich versuchte krampfhaft nicht die Fassung zu verlieren: „Kannst du mir jetzt endlich sagen, warum du immer wieder dasselbe abziehen musst?“
„Schatz, komm doch erstmal runter und…“ Er bewegte sich zu mir hin und legte eine Hand auf meine Schulter. *Glaub mir, das wird nichts.*
„Ich und runter kommen?! Schließlich warst du derjenige, der vor fünf Minuten mit Klopapier um sich geworfen hat.“
„Warum schreist du eigentlich so? Die Nachbarn denken sich bestimmt bald, dass hier der dritte Weltkrieg ausbricht, wenn du so weiter machst.“
Humor? Den hatte er vielleicht, aber gerade war mir echt nicht danach.
„Kann ich dich mal etwas fragen? Hast du vielleicht irgendetwas hochgradig Giftiges zu dir genommen, dass du dich heute wie der letzte Vollidiot benehmen musst?“ *Idiot. Idiot. Und nochmal Volltrottel.*
„Witze versteht die auch nicht. Weißt du was? Ich gehe jetzt einfach pennen bis du dich beruhigt hast.

In meinen Träumen bete ich dann zu Gott, dass er dir mit deinen Stimmungsschwankungen helfen möge."

Hat er mich gerade „die" genannt?

Es ist ja nicht so, dass ich keine Witze verstehen kann, aber dermaßen damit zu übertreiben finde ich echt nicht mehr lustig.

„Pennen, pennen und pennen. Langsam regst du mich auf! Immer musst du von Problemen weglaufen!"

Er schüttelte kräftig den Kopf. „Probleme? Ich sehe nur ein Problem und…"

„Schnauze." Ich setzte mich verärgert auf das Bett und holte tief Luft.

Alles ist in bester Ordnung.

„Ich verstehe dich einfach nicht.", meinte mein Mann dann aus dem Nichts. *Glaub mir, ich verstehe dich umso weniger.*

„Ich hab dich nur gefragt, ob du mal aufräumen kannst. Ist ja nicht so als ob ich dir mit einer Pistole gedroht hätte, mir zu gehorchen und hier aufzuräumen."

So habe ich das tatsächlich auch empfunden.

„Nur gefragt? Für mich klang: „Mach das mal weg. Sieht hier dreckig aus. Warum muss ich immer alles machen.", nach einem genervten Mann, der keine Hände hat, um irgendetwas im Haushalt zu tun. Hände sehe ich zwar, leider aber keinen rationalen Verstand."

Sein Lächeln verschwand schlagartig. Düster schaute er mich nun an.

„Du solltest lieber mal schauen wie du mit mir redest. Von dir lass ich mir rein gar nichts sagen. Du regst mich sowas von auf! Hast du nichts Besseres zutun als immer die gleiche Schei*** abzuziehen. Ich habe dir das schon tausend Mal gesagt: Hör auf so unverschämt zu sein. Du machst mich ganz krank.“

Nicht schon wieder.

Immer das Gleiche mit dem Typen.

„Geh pennen.“, sagte ich resigniert. „Verschwinde einfach und geh pennen.“

„Narzisst. Ein Narzisst, das bist du.“, antwortete er genervt und verschwand aus dem Zimmer. *Wohl eher du.*

Kapitel 2

Charakteristische Eigenschaften von Narzissten

"Du bist ein Narzisst!" - Bei dieser Aussage stellt sich natürlich auch die Frage, ob Narzissten tatsächlich so leicht zu identifizieren sind. Das Wort "Narzisst" selbst entstammt einer griechischen Mythologie, bei der es um einen hübschen Jüngling namens Narziss geht, der die Liebe aller Frauen, die ihn begehrten, bewusst ablehnte und damit ihre Herzen brach. Dies führte schließlich dazu, dass ihn die Göttin der Gerechtigkeit für sein Verhalten eine Strafe zuteil ließ und über ihn die ewige Selbstliebe als Fluch sprach.

Narzissmus ist daher häufig nichts anderes als eine exzessive Selbstidealisierung, bei der ein Betroffener davon überzeugt ist, dass er etwas ganz Besonderes ist. Menschen, die narzisstische Züge besitzen leiden nicht selten unter einer Selbstimmanenz, bei der sie nicht die nötige Kraft besitzen, um aus sich selbst herauszukommen und zu erkennen, dass sich nicht alles nur um sie dreht.
Mittels des idealen Selbsts erhoffen sich Narzissten Gefühle

der Minderwertigkeit gekonnt abzuwenden und damit das eigene Selbstwertgefühl vor langfristigen Schäden zu schützen. Die Angst, von anderen abgelehnt zu werden, führt umso mehr dazu, dass Narzissten nach Bestätigung und Anerkennung suchen. Wenn Sie diese Bestätigung nicht bekommen, neigen sie dazu, sich anderen gegenüber als "besser" darstellen zu wollen und damit zugleich den Gegenüber zu entwerten.

Symington sagte einst, dass Narzissmus wie eine schnelle Droge ist. In einer narzisstischen Situation kann ein Betroffener alles verstecken, was eine Gefahr für das eigene Selbstbild darstellen könnte. Mit der Begrifflichkeit "Droge" meint Symington sinnbildlich den Drang eines Betroffenen die Wahrheit auszublenden und diese bewusst zu verschönern. Jedoch sollten wir an dieser Stelle vorsichtig sein, bevor wir mit dem Begriff „Narzisst“ um uns werfen.

Ein Narzisst ist grundsätzlich immer eine Person, die für Leid in seinem Umfeld sorgt. Wenn dies der Fall ist, können wir auch von einer narzisstischen Persönlichkeitsstörung ausgehen, die sich durch zahlreiche Merkmale kennzeichnen lässt.

Ihnen sollte hier bewusst werden, dass ein narzisstisches Verhalten nicht nur viele negative, sondern auch ein paar positive Eigenschaften aufweisen kann.

Dies mag für Sie zusammenhangslos klingen,

doch Ihnen ist bestimmt schon aufgefallen, dass Narzissten

eine unwiderstehliche Charme besitzen, mit der sie Menschen an sich binden können.
Wer charmant ist, dem liegt die Welt zu Füßen.

Häufig nutzen Narzissten diese Eigenschaft aber aus, um etwas von dem Gegenüber in ihre Hände zu bekommen. Folglich lassen sich Narzissten als gute Schauspieler entpuppen. Sie wissen nur zu gut, wo die Schwachstellen ihres Gegenübers sind und nutzen diese taktisch für sich aus. Hierbei spielt es keine Rolle, inwieweit sie damit das Vertrauen ihres Gegenübers missbrauchen. Am Ende zählt nur, dass zu bekommen, wofür sie in erster Linie gekämpft haben. Die eigene Zufriedenheit steht bei Narzissten im Mittelpunkt. Nimmt man ihnen etwas weg, dann werden sie sich gekonnt dafür rächen und zurück schlagen.

Die risikofreudige Einstellung macht einen Narzissten aus.
Mit ihrer großen Fantasie und dem Glaubenssatz:
Ich bin etwas Besonderes, versuchen sie ihre Mitmenschen zu manipulieren.
Die negativen Verhaltensmuster eines Narzissten sind weitreichend. Neidgefühle und gesteigerte Selbstliebe scheinen oftmals am Auffälligsten zu sein, wobei die Liste umfangreicher ist als gedacht.

Narzissten fällt es häufig schwer auf Augenhöhe mit ihrem

Gesprächspartner zu reden, was umso mehr die Zielsetzung einer nicht-narzisstischen Person erschwert, eine „normale“ Unterhaltung mit ihnen zu führen.
Dies führt nicht nur zu häufigen Auseinandersetzungen mit dem Gegenüber, sondern zu einem außerordentlichen Kräfteungleichgewicht beider Beziehungspartner. Eine Person nimmt die Stellung des „Opfers“ ein, während der Herrscher, in dem Fall der Narzisst, die Kontrolle über das komplette Geschehen in seinen Händen hält. In Realität ist es aber der Narzisst, der sich minderwertig und missverstanden fühlt. Er versucht vergeblich nach Bestätigung zu trachten. Bekommt er diese nicht, dann holt ihn die Fantasie ein, anderen Menschen gegenüber brutal und rücksichtslos zu sein. Ablehnung von Menschen in seinem Umfeld ist etwas, was ein Narzisst weitestgehend vermeiden möchte und dafür tut er alles, um seiner Seele die ersehnte Ruhe zu schenken. Narzissten wissen sehr wohl über ihre negativen Gefühle und Gedanken Bescheid.
Für viele Menschen scheint es oftmals ein unbewusstes Verhalten zu sein, doch narzisstische Menschen kennen ihre geheimsten Sehnsüchte und diese anderen Menschen zu offenbaren, wäre für sie ein Schachzug, das sie nie in Erwägung ziehen würden.
Dies liegt unter anderem an ihrer Angst, Menschen, die ihnen nahe stehen, zu enttäuschen oder auch mit solch einer Neuigkeit aus der Fassung zu bringen. Ein Narzisst wirkt auf

den ersten Blick herzlos, doch in Wahrheit ärgert er sich auch mal über die eigenen Niederlagen und Fehlschläge, die er in Kauf nehmen muss. Zu akzeptieren, dass er versagt hat, würde ihm nie in den Sinn kommen. Seine Probleme zerstören ihn von innen heraus und keiner scheint ihn so wirklich zu verstehen.
Gefesselt von seinen destruktiven Gedanken, blendet der Narzisst die Gefühle anderer Menschen aus und zeigt keinerlei Interesse, wenn es um die Probleme seines Gegenübers geht. Ob er nun versagt hat oder doch erfolgreich bei seinen Handlungen ist; für einen Narzissten bleibt die Sensibilität für das eine als auch das andere bestehen. Manch einer mag denken, dass Narzissten viel zu zufrieden mit sich selbst sind, aber immer unzufrieden mit den Handlungen der Menschen in deren Umfeld. Dies ist jedoch nicht richtig!

Die Unzufriedenheit sitzt grundsätzlich tief verwurzelt in einem Narzissten. Er sieht nicht ein, was er eigentlich alles hat und möchte immer das besitzen, was er nicht haben kann, aber andere in seinem Umfeld vorzuweisen haben.
Diese krankhafte Unzufriedenheit macht ihn fragil und wundbar. Auf Intimität verzichtet er bewusst, aus Angst, er könne verletzt werden. Verzeihen kann ein Narzisst nur schwer, weil er nachtragend ist.
Aggressive Ausbrüche hat er nicht unter Kontrolle, weil er eine viel zu niedrige Stresstoleranz besitzt. Menschen, die

einen Narzissten persönlich kennen oder sogar lieben, wissen wie anstrengend Narzissten sein können. In einer Beziehung fühlt sich der Partner eines Narzissten alleine gelassen.
Weder Empathie noch die nötige Aufmerksamkeit wird einem geschenkt. Im schlimmsten Fall droht der Narzisst einen, bis das schlechte Gewissen einen nächtelang verfolgt und man die Schuld in sich selbst zu suchen versucht, obwohl einem bewusst ist, dass sie vermutlich beim Narzissten liegen wird. Viele Menschen erkennen einfach nicht, wann ihr Partner zu weit geht und haben Angst, von diesem verlassen zu werden. Verlust verursacht also nicht nur tiefe Wunden, sondern auch quälende Angstzustände, mit denen man sich befassen muss.
Die Angst, alleine Leben zu müssen und sich von dem Partner endgültig zu verabschieden, wirkt für manch einer wie ein echter Albtraum. Mit der Zeit ist aber genau diese Person, die wir so lieben, nicht mehr die Person, die wir zu kennen pflegten.
Viel zu oft kommt es zu bedrohlichen Auseinandersetzungen, aber auch schweigsamen Momenten, in denen keiner mehr zu sprechen wagt. Gekränkt und enttäuscht ziehen sich beide Streitpartner zurück, in der Hoffnung, dass sich einer von beiden letztendlich entschuldigen wird. Dass sich Menschen in einer toxischen Beziehung gegenseitig ausmerzen, wird erst ersichtlich, wenn eine Person schließlich die komplette Fassung verliert und mit Tränen in den Augen zu Boden stürzt.

Diese exzessive Beschreibung eines Beziehungsausgangs trifft leider viel zu oft zu. Vor allem Frauen neigen dazu, viel zu spät zu realisieren, dass eine Abweisung ihres Partners auch eine endgültige und feste Entscheidung ist. Etwas schönreden zu wollen bleibt der Person zunächst als einzige Option bestehen. Zu guter Letzt muss es so weit kommen, dass der Partner einen betrügt und neben dem Ehepartner Beziehungen zu mehreren Sexualpartnern sucht.
Es ist schwer loszulassen und eine komplette Wendung im Leben zuzulassen, das kann ich Ihnen versichern.

Muss es aber so weit kommen, dass wir in Depressionen verfallen und an uns selbst zu zweifeln beginnen?
Machen wir Frauen nicht immer wieder dieselben Fehler, indem wir einfach viel zu viel akzeptieren und uns auf alles einlassen. Ich spreche hier, genau an dieser Stelle des Buches, bewusst nur die Frauen an, wobei es auch genug Männer gibt, die narzisstisch missbraucht werden. Dies kommt jedoch viel seltener vor als bei den Frauen. Daher: Jede Frau, aber auch Männer, die sich in einer narzisstischen Beziehung befinden, sollten den Mut fassen und handeln, bevor es zu spät ist. Es geht zunächst darum, sich selbst zu schützen und wenn es hart auf hart kommt, auch die eigenen Kinder in Obhut zu nehmen.

Die entscheidende Frage, die sich manch einer nun stellen mag, ist die Frage, wie Narzissmus sich eigentlich in einer Person manifestieren kann. Narzissmus hat tiefe Wurzeln, die sich weit in die Vergangenheit erstrecken.
Ein narzisstisches Verhalten kommt nicht aus dem Nichts und ist häufig von einer schweren Vergangenheit geprägt. Menschen mit narzisstischen Grundzügen haben entweder viel zu wenig elterliche Liebe erfahren oder schlechte Erfahrungen mit vergangenen Beziehungen gemacht, weshalb sie dazu neigen andere Menschen abzuweisen und zu verletzen, um schlussendlich sich selbst zu schützen.

Es handelt sich hier um eine sogenannte „Fake-Persönlichkeit", hinter der sich Narzissten gerne verstecken wollen.
Das fast schon depressive Verhalten, was Narzissten an den Tag legen, dient lediglich dazu, das Gefühl der Leere in ihnen zu kompensieren.

Hierbei werden zwei Arten von Narzissten unterschieden:
Der offene und verschlossene Narzisst.
Bei dem offenen Narzisst sind bestimmte Verhaltensmuster wie etwa charmante Gesten, ein aufgeblasenes oder erzürntes Verhalten auffällig, während der verschlossene Narzisst geheimnisvoller und verschlüsselter wirkt.
Er nimmt gerne die Position des Opfers ein und stellt den Gegenüber oft als Täter dar, welcher ganz alleine die

Verantwortung für all die Probleme, die zwischen dem Paar herrschen, trägt.
Diese Taktik dient dem verschlossen Narzisst dazu, sich selbst bei Streitigkeiten als den „Hilflosen“ auszugeben und damit dem Gegenüber ein schlechtes Gewissen zu machen. Das Problem liegt genau hier, denn eine tatsächliche Beziehung, die sich nicht auf Augenhöhe abspielt, wird früher oder später zu Bruch gehen.
Nun stellt sich der ein oder andere die Frage:

Warum ausgerechnet ich?

Wie kann es sein, dass ich mich genau in solch einer narzisstischen Person verliebt habe?

Ich kann Ihnen hier ganz klar sagen: Es liegt womöglich auch an Ihrer Einstellung zum Leben. Selbstunsicherheit und tiefe Bedürfnisse nach Liebe sind Gefühle, die dazu führen, dass wir an einen Narzissten geraten könnten, der unsere Persönlichkeit dann über Jahre hinweg zersetzen und unsere Schwächen zu seinem Vorteil nutzen wird. In einer Beziehung mit einem Narzissten werden uns nicht selten unsere Schwächen unter die Nase gerieben. Wir sehen unsere Wunden deutlich vor Augen, wodurch wir in Selbstmitleid verfallen und anfangen an allen möglichen Dingen im Leben zu zweifeln.

Das ist eine falsche Herangehensweise, die es einem nur noch schwerer macht, sich von solch einer toxischen Beziehung zu lösen. Seien Sie ehrlich zu sich selbst: Gibt es mehr Vorteile als Nachteile für Sie, wenn Sie sich von einem Narzissten lösen und ihn hinter sich lassen? Genau jetzt, wo Sie sich in diesem tiefen Loch der Angst und Selbstvorwürfe befinden, ist es notwendig einen klaren Kopf zu bewahren. Betrachten Sie die Situation aus einer sachlichen Sicht und untersuchen Sie die Faktenlage.

Was ist das eigentliche Problem?
Was sind die Tatsachen?
Was macht unsere Beziehung aus?

Als Betroffener dürfen bzw. sollten Sie nicht zu ernst mit sich selbst sein. Es ist selbstverständlich, dass auch Sie in manchen Situationen einmal überreagiert haben, doch dies taten Sie vielleicht auch nur der Selbstabwehr wegen?
Abstand suchen kann hier eine gute Lösung sein. Suchen Sie für kurze Zeit Abstand von Ihrem Partner, um Ihre Emotionen zu sortieren und die aktuelle Lage besser reflektieren zu können. Wenn Sie realisieren wie miserabel es Ihnen mit Ihrem Ehepartner ergeht, dann ist es wohl an der Zeit einen großen Schritt zu wagen und sich von der toxischen Beziehung zu lösen.

Narzisstische Missbräuche verursachen tiefe Wunden, die geheilt werden müssen; vor allem dann, wenn Sie sich endgültig von der Person, die Sie missbraucht hat, lösen. Dies können Sie am besten erreichen, indem Sie sich selbst für vergangene Dinge verzeihen.

Für viele mag das schwer sein, doch der Schlüssel zur Selbstakzeptanz ist nichts anderes als einen selbst zu verzeihen. Verzeihung ist immer eine Entscheidung, die Sie früher oder später treffen sollten, um Ihre Psyche zu entlasten. Es braucht genug Zeit bis Sie die eigene emotionale Vergebung erfahren werden und das Gefühl einer Entlastung spüren.

Verzeihen ist die schwerste Liebe. - Albert Schweitzer

Kapitel 3

Weiblicher vs. männlicher Narzissmus

Dass Untersuchungen zwischen weiblichen und männlichen Narzissten unterscheiden, mag für einen verwirrend sein, denn schließlich heißt es allzu oft, dass Narzissten alle gleich seien.
Dies ist jedoch nicht der Fall, denn die Unterschiede zwischen beiden Geschlechtern sind gravierend.

Narzisstische Frauen neigen häufig zu Perfektionismus und dem Drang einem Schönheitsideal zu entsprechen. Sie sind dem Leistungsdruck der Gesellschaft ausgesetzt und leiden unter Minderwertigkeitsgefühlen, die ihr Selbstbewusstsein vermindern. Nichtsdestotrotz neigen narzisstische Frauen häufig auch zur Überschätzung.
Das Problem hierbei ist, dass solche Frauen aufgrund ihres exzessiven Drangs am schönsten und Besten zu sein, häufig sehr krank werden und mit hoher Wahrscheinlichkeit Essstörungen entwickeln könnten.

Diese Entwicklung ist in unserer heutigen Gesellschaft präsenter als sonst, was überwiegend mittels sozialen Medien, die unsere Psyche durch eine falsche Wertevermittlung sowie Unwahrheiten beeinflussen, vermittelt wird. Wenn wir ehrlich zu uns selbst sind, dann erkennen wir rasch, dass viele Frauen bereits solche Verhaltensmuster aufweisen.

Dass es Menschen gibt, die nach Anerkennung suchen, deutet nur darauf hin, dass es ihnen selbst schwerfällt die Realität zu akzeptieren. Misserfolge führen bei Narzissten viel zu oft zu Krisensituationen, die es ihnen erschweren, einen klaren Verstand zu behalten.

Wenn wir über vergangene Auseinandersetzungen nachdenken, dann fallen uns auch solche auf, bei denen man sich schnell wieder vertragen und über die Situation hinweg gesehen hat. Manchen Menschen fällt es hingegen schwer einer Person oder sogar einem selbst zu vergeben, weshalb sie nachtragend sind und deren Mitmenschen immer wieder an vergangene Konflikte erinnern.

Nachtragend kann jeder sein und das alleine sagt nicht gleich aus, dass manch einer vermutlich selbst narzisstische Züge mit sich trägt. Ist man jedoch nachtragend, in der Hoffnung sich bei einer Person zu rächen oder sie bewusst zu verletzen, um sich dann folglich besser zu fühlen, kann es durchaus sein, dass diese Person ein Narzisst ist, aber nicht unbedingt sein muss.

Bevor Sie selbst entscheiden, ob Sie es mit einem Narzissten zu tun haben oder nicht, sollten Sie sich bewusst werden, dass jeder Mensch ein paar narzisstische Züge aufweisen kann. Wenn wir von einem „richtigen" Narzissten im eigentlichen Sinne sprechen, dann steckt viel mehr dahinter, als das Streben nach Anerkennung und Akzeptanz, was zum Ziel hat, Glück in das eigene Leben herbeizuführen.
Selbst Erich Fromm legt in seinem Buch „Die Kunst des Liebens" dar, dass Menschen sich geradezu nach wahrer Liebe hungern. Dies gilt vor allem für Frauen, während Männer eher nach Macht und Erfolg streben würden.

Narzisstische Männer empfinden sich im Vergleich zu narzisstischen Frauen als überaus grandios und wie bereits im vorherigen Kapitel erwähnt, neigen Sie zudem viel eher dazu manipulierend auf Andere einzuwirken, was nicht ausschließt, dass Frauen es auch sein können.

Dies resultiert unter anderem aus ihrem Streben nach Macht und Kontrolle.

Doch woraus resultiert dieser Drang?

Laut der Psychologin Daniela Renn ist genau dieses Streben nach übermäßiger Kontrolle eine Art Mittel, um mit Eifersucht umgehen zu können.

Betroffene Männer entwickeln eine Abhängigkeit gegenüber ihrem Partner und können nicht darauf verzichten, den Alltag der Frau zu überwachen, aus Angst davor, ersetzt zu werden. Frauen, die mit solchen Männern zusammenleben, berichten häufig davon, dass sie sich für alles, was sie tun rechtfertigen müssen und das Gefühl haben rund um die Uhr „überwacht" zu werden.

Irrationale Beschuldigungen und Beschimpfungen müssen sie immer wieder auf sich sitzen lassen. Auch seitens der Frau kann solch eine „krankhafte" Überwachungssucht auftreten und sollte daher nicht unterschätzt werden. Schließlich gehen Beziehungen oder Ehen häufig auch aus solchen Gründen zu Bruch.

„Liebe, heißt Kontrolle verlieren." - Paul Coelho

In Bezug auf die Liebe sind weibliche Narzissten sich selbst gegenüber auffällig abwertend. Ihnen ist es nicht möglich eigene Bedürfnisse wahrzunehmen und sie sind auch nicht imstande sich für ihre eigene Meinung einzusetzen. Auffällig ist zudem, dass sie sich in einer Partnerschaft relativ aufopfernd verhalten und schnell nachgeben, wenn sie von ihrer Umgebung eingeschüchtert werden.

In dieser Rolle des „Opfers" weiß sich eine narzisstische Frau nicht zu helfen, während eigene Wünsche von ihr nicht wahrgenommen werden.

Trotz dessen haben männliche und weibliche Narzissten sehr wohl eine Gemeinsamkeit: Beide neigen nämlich dazu Kritik viel zu persönlich zu nehmen und diese zu misstrauen. Schnell fühlen sie sich in ihrer Würde verletzt und gekränkt, weshalb sie mit Wut auf unpassende Situationen und schmerzhafte Ereignisse reagieren. Hier spricht man von der typischen „narzisstischen Wut", die sich in jedem Narzissten irgendwo widerspiegelt. Die narzisstische Wut ist im Vergleich zur „gesunden" Wut eines Menschen zerstörerisch und auf Bestrafung der Mitmenschen aus. Dabei richtet sich diese Wut immer gegen eine Person und nicht auf alltägliche Zustände, über die Menschen sich gelegentlich auch einmal ärgern. Die narzisstische Wut möchte einen Menschen verletzen, um ihm zu zeigen, wie sich der betroffene Narzisst aktuell fühlt. Das Verlangen einen Menschen zu verletzen, resultiert dann wieder aus der Angst enttäuscht und abgelehnt zu werden. Solche seelischen und psychischen Probleme können dann lediglich durch aktive Selbstfürsorge und Eigenkontrolle gemindert werden.

Betrachten wir das Verhalten von männlichen und weiblichen Narzissten in der Beziehung, dann fällt auf, dass häufig zwei Formen des Narzissmus auftreten: Der asymmetrische und symmetrische Narzissmus.

Beim asymmetrischen Narzissmus fällt auf, dass häufig der Mann, aber seltener die Frau, die Rolle des „Grandiosen" einnimmt. Die Erwartungen an der Beziehung sind hoch, der Narzisst möchte nämlich ständig bewundert werden und erfahren, dass sich sein Partner für die Dinge, die er ihm gibt, bedankt. Werden diese Erwartungen nicht erfüllt, dann wird der Narzisst seine eigenen Konsequenzen ziehen müssen und ihn gezwungenermaßen dazu bringen. Im Falle des asymmetrischen Narzissmus gibt es also zwei Narzissten, einen grandiosen Partner und eine unterwürfige Person, die sich finden und gegenseitig kontrollieren.

Hier spricht man von einer narzisstischen Kollusion, bei der die Partner zu Beginn in ihrer Beziehung zunächst hervorragend miteinander klarkommen und harmonisch zusammenleben. Möchte sich die unterlegene Person jedoch „befreien" und nicht mehr die Position des Unterlegenen einnehmen, dann kann die Beziehung kaum mehr Stand halten und wird früher oder später an Konflikten zerbrechen. Laut Forschern neigen Menschen, die schnell die Selbstbeherrschung verlieren, dazu, ihre eigene Intelligenz viel zu stark zu überschätzen. Der „Grandiose" in der Beziehung glaubt also tatsächlich, dass er immer alles „besser" weiß und daher mühelos einschätzen kann, was am besten für seinen Beziehungspartner ist. In solch einer Situation ist es wahrlich richtig als „Unterdrückter" seine Grenzen zu verteidigen und dem enormen Druck durch den Partner standzuhalten, um sich letztendlich selbst zu schützen.

Beim symmetrischen Narzissmus, hingegen, sind es zwei Narzissten, die sich in einer Beziehung wechselseitig beeinflussen. Statt sich gegenseitig zu bewundern,

möchte der Narzisst immer selbst bewundert werden. Im symmetrischen Narzissmus wird die Bewunderung also ganz klar aus dem Umfeld ergattert. In beiden Fällen, im asymmetrischen und symmetrischen Narzissmus ist die Wahrscheinlichkeit sich zu streiten genauso wahrscheinlich, denn Narzissten können eins nicht unterdrücken: Ihre unaufhaltsame Wut.

„Jeder kann wütend werden, das ist einfach. Aber wütend auf den Richtigen zu sein, im richtigen Maß, zur richtigen Zeit, zum richtigen Zweck und auf die richtige Art, das ist schwer."
- Aristoteles

Dabei kann das Unterdrücken der Wut genauso schlimm sein wie diese an jemanden auszulassen.

Wenn wir die Psychologie in Bezug auf Wutausbrüchen betrachten, dann erkennen wir grundlegend vier Phasen der Wut.

In der ersten Phase, die übrigens auch Signalphase genannt wird, entwickelt sich die Wut aus der Amygdala, dem

Mandelkern, welcher eine Ansammlung von Nervenfasern in Gehirn darstellt.

Von dort aus wird die Wut zum Thalamus, einem Teil des Zwischenhirns geleitet und dann zum Cortex, der Hirnrinde weitergetragen. Hier findet schließlich eine Interpretation der Wut statt, wobei in der Cortex selbst eine körperliche Reaktion wie etwa zittern ausgelöst wird.

Daraufhin findet die sogenannte Ausbruchsphase statt, wo das Gefühl der Wut erst richtig spürbar ist. Es werden reichlich Stresshormone ausgeschüttet und der Blutdruck beginnt zu steigen. Auffällig wird bei einer wütenden Person dann die typische Angespanntheit, die sich am ganzen Körper bemerkbar macht.

Die Person stellt sich breit und aufrecht hin, um sich körperlich mobil zu machen.

In der Eskalationsphase erreicht man dann die höchste Stufe der Wut, wo wir die Entscheidung treffen können, die Wut in uns zu behalten oder herauszulassen. Psychologen empfehlen grundsätzlich Letzteres, weil unterdrückte Gefühle, laut ihnen, noch intensiver gespürt werden als, wenn man sie rauslässt.

Wenn wir jedoch die Situation des Narzissten betrachten, dann fällt auf, dass er nicht wirklich eine Wahl in Bezug auf sein Verhalten hat. Er wird wütend, verletzt bewusst die Menschen mit seiner unaufhaltsamen Wut und tut ihnen dabei seelisch weh. Für den Narzissten selbst mag das eine Erleichterung sein, für die Person, der das Leben durch das Verhalten des Narzissten erschwert wird, trifft dies hingegen nicht zu.

In der letzten Phase, der Nachbereitungsphase, findet das eigentliche Erholen von dem Wutausbruch statt. Die Person reflektiert ihr Verhalten und akzeptiert die Wut, anstatt sich darüber zu ärgern, dass sie diese nicht für sich behalten konnte. Dadurch, dass die Person ihre Wut wortlos akzeptiert, fällt es ihr in Hinblick auf zukünftigen Wutausbrüchen leichter, diese zu überwinden und zu kontrollieren.
Da Stresshormone bei Wutausbrüchen eine wesentliche Rolle spielen, empfiehlt es sich für Betroffene, die dazu neigen schnell und oft wütend zu werden, regelmäßig Sport zu treiben. Hierdurch werden nicht nur Stresshormone abgebaut, sondern auch Gefühle der inneren Ruhe freigesetzt und der Blutdruck gesenkt.

Außerdem sollten Betroffene verstehen, dass Wut sie nicht ausmacht: Wut selbst ist niemals Teil einer Person, sondern eher ein Gefühlszustand, für die die meisten Menschen nicht wirklich viel können.
Die Wut ist praktisch nichts anderes als eine Energie, die aus dem Nichts kommt und grundsätzlich immer der Abgrenzung und Selbstverteidigung dient. Allein die Vorstellung wütend zu sein, lässt uns das Gefühl der Wut am Leib spüren.

Genauso wie Wut spielen Gefühle der Scham und des Grolls eine wesentliche Rolle bei Narzissten. Dies sind alles Gefühle, die dem Narzissten dabei helfen sollen, von den Menschen gesehen und akzeptiert zu werden.

Groll und Wut stellen dabei gegensätzliche Zustände dar:

Im Zustand des Grolls fühlt sich der Betroffene beschämt über seine eigene Person und nimmt die Rolle des

Unterlegenen ein, während er sich im Zustand der Wut in der Rolle des Überlegenen sieht. Grundsätzlich wollen aber alle drei Gefühle bezwecken, Schuldgefühle zu vermeiden und verletzende Konflikte zu umgehen.

Beim Groll spielt dabei auch Vergeltung eine wichtige Rolle, die es einen erschwert sich mit dem Streitpartner unverzüglich wieder zu vertragen.

Wut, hingegen, lässt eine Wiedergutmachung zu. Der Partner nimmt als Überlegener die Rolle einer übermäßig stolzen Person ein und verdeutlicht dies durch seine charmante Geste, dem Konfliktpartner zu verzeihen. Scham, jedoch, ist vielmehr ein Gefühlszustand, bei dem sich der Narzisst in seinem Stolz verletzt sieht. Wird er enttäuscht oder gar abgewiesen, dann fühlt er sich beschämt über seine Situation.

Für den Narzissten ist die Scham ganz unangenehm!

Doch warum eigentlich?

Das ist eine ziemlich gute Frage, die sich leicht beantworten lässt: Das Gefühl der Scham formt sich bereits in der Kindheit und wird durch die Eltern geprägt, die dann letztendlich beeinflussen, ob sich die Schamgefühle in gesunder Weise entwickeln oder nicht. Wenn sich die Eltern genug um ihr Kind kümmern und es mit Liebe und Respekt behandeln, dann wird das Kind gesunde Schamgefühle entwickeln können. Ist dies jedoch nicht der Fall, wie es bei einer Erziehung von narzisstischen Eltern üblich ist, dann werden diese Gefühle dementsprechend „ungesund" sein.

Gesunde Scham heißt nichts anderes, als sich über einen Aspekt von sich selbst zu schämen, während die ungesunde Scham ins Extreme geht, wo sich der Narzisst für sein Ich, also seine Identität, schämt.

Dabei spielt die Umgebung bzw. die Meinungen des Umfeldes eine wesentliche Rolle.

Der Narzisst nimmt Bewertungen der eigenen Persönlichkeit viel zu persönlich und fühlt sich über die Tatsache beschämt, dass andere Menschen viel mehr von ihm erwarten als gedacht. Er kann den Erwartungen nicht standhalten und erkennt seine eigenen Ansprüche nicht mehr. Da von ihm erwartet wird, anders zu sein, fühlt er sich zutiefst in seiner Ehre verletzt und kann seine narzisstische Scham gar nicht mehr abwenden. Dabei geht der Narzisst so weit, bis er sich als wertlos und unwichtig einschätzen tut. Seine ohnehin schon kaum vorhandenen Selbstgefühle, die er mit sich trägt, werden nur noch schwächer und unerträglicher. Er sieht sich als Freund seiner selbst an und nimmt sein Leben schon gar nicht mehr ernst. Enttäuscht von der Menschheit versucht er sich vor all seinen Mitmenschen, aber auch sich selbst zu verstecken, in der tiefen Hoffnung keine weitere Kritik und Beurteilung vom Umfeld in Kauf nehmen zu müssen. Letztendlich bleibt der Narzisst als eine leere

„Menschenhülle“ zurück.

Er beginnt sich selbst zu bemitleiden, wobei die Verantwortung für seine selbst getroffenen Entscheidungen auf seine Schultern lastet und er sich für all die Misserfolge in seinen Leben verantwortlich macht.

Zusammenfassend:

Scham, Groll und Wut sind drei Gefühlszustände, die Ihnen bei einem Narzissten immer auffallen werden und ein Indiz dafür sind, dass eine Person ernsthafte Probleme mit ihrem Ego hat.

Kapitel 4

Ego-Trip der Narzissten: Zorn, Groll, Scham

Dass mein Mann total egoistisch war, hat mich völlig fertig gemacht. Wenn ich Ihnen jetzt sage, dass er nicht nur ein Egoist, sondern auch ein Egoman und Egozentriker gewesen ist, werden Sie mich zunächst perplex anschauen.

Bevor ich näher auf die Begriffe eingehe, sollten wir uns erstmal genau anschauen, was diese eigentlich implizieren.

Ein Egoist, wie Sie bereits wissen, ist nichts anderes als eine Person, die völlig rücksichtslos handelt und immer auf die eigenen Vorteile bedacht ist. Er empfindet eine ziemlich krankhafte Selbstliebe, die sein emotionsloses Verhalten hervorruft.

Tatsächlich muss Egoismus nicht unbedingt immer eine schlechte Charaktereigenschaft sein, denn manchmal ist es tatsächlich nötig, dass man seine eigenen Wünsche nach vorne stellt und sich Gedanken über sich selbst macht. Ein gesunder Anteil an Egoismus kann also ziemlich nützlich sein.

Auf der anderen Seite gibt es dann auch den Egomanen, der viel zu Ich fixiert ist und extrem selbstbewusst erscheint, wobei sein Ich-Fixiertheit sogar bis ins Krankhafte reicht. Als Egoman hat man grundsätzlich das Gefühl, dass sich das komplette Geschehen, dass sich um einen abspielt, immer auf sich selbst beziehen muss.
Seine Ich-Sucht und sein übertriebenes Selbstbewusstsein zeigen nur, wie egoistisch, aber auch egozentrisch ein Egoman doch sein kann.

Im Vergleich zu Egoisten und Egomanen, benötigt ein Egozentriker ständig genug Aufmerksamkeit, um sich besser zu fühlen. Dieser sieht sich nämlich als Mittelpunkt allen Geschehens an und gibt es den Menschen ständig zu wissen, weil ihm die eigene Selbstreflexion offensichtlich fehlt.

Dass eine Person ein Egoist, Egoman und Egozentriker zugleich ist, ist also nicht allzu unwahrscheinlich.

Auffällig bei den drei Worten ist hierbei der Wortstamm „Ego“, ein Begriff, der ursprünglich aus dem Griechischen und Lateinischen kommt, und so viel wie „Ich“ bedeutet. Wenn wir von Ego sprechen, dann reden wir immer von einem Eigennutz.
Dieser kann weit in Richtung Selbstverliebtheit und

übertriebener Selbstsucht reichen, die dann den krankhaften Narzissmus ausmacht.

Dabei werden vier destruktive Persönlichkeitstypen im Narzissmus unterschieden: Der narzisstisch-kränkbare, gehemmt-aggressive, misstrauisch-querulative und reizbar-impulsive Mensch. Der narzisstisch-kränkbare Mensch verhält sich grundsätzlich immer egozentrisch und ist schnell beleidigt. Außerdem verhält er sich er unversöhnlich in Hinblick auf Konflikten.

Beim misstrauisch-querulativen Mensch fällt auf, dass dieser anderen Menschen kein Vertrauen schenken kann und oft Zweifel in Bezug auf die Menschen um ihn, aber auch auf sich, hat. Was ihn jedoch ebenfalls sehr stark prägt, ist seine unaufhaltsame Sucht nach Streitigkeiten. Er lässt sich leicht auf Konflikte ein und hat immer das Bedürfnis Menschen eine auszuwischen und ihnen zu zeigen, wo es lang geht.

Dann gibt es auch noch den gehemmt-aggressiven Narzisst, der unerwartet aggressiv auf bestimmte Situationen reagiert und sich als sehr empfindlich zeigt. Er wirkt oftmals angespannt und einschüchternd. Zu guter Letzt sei der reizbar-impulsive Narzisst, der nicht nur ziemlich aggressiv ist, sondern keinerlei Selbstbeherrschung besitzt, erwähnt. Seine bedrohliche Art schreckt Menschen immer wieder von sich ab, was dem Narzissten eigentlich auch bewusst ist.

Alle vier Persönlichkeitstypen ähneln und unterscheiden sich jeweils in ein paar Merkmalen, können aufgrund ihrer Gemeinsamkeiten aber auch schnell als eine Gefahr erfasst werden. Nach Reinhard Haller spiegelt sich die
Empfindlichkeit eines Narzissten in den „fünf E's" wider, nämlich Empathiemangel, Egozentrik, Eigensucht,
Entwertung und Empfindlichkeit.
Wenn wir diese Merkmale in einer Person wieder erkennen, dann können wir uns sicher sein, dass wir es mit einem waschechten Narzissten zu tun haben.
Die Ich-Bezogenheit eines Narzissten ist jedoch viel weitreichender als lediglich narzisstischen Ursprungs zu sein. Die Wahrscheinlichkeit, dass wir es bei dem Narzissten auch mit einem Psychopathen oder Soziopathen zutun haben, ist gar nicht so unwahrscheinlich.
Mit Psychopathen sind hierbei Personen gemeint, die tätliche Gewalt an einem Menschen ausüben und sich daran vergnügen, sickerndes Blut zu Augen zu bekommen. Dem Psychopathen gefällt die eigene Handlung nicht wirklich, sondern eher die Tatsache Menschen zu vernichten. Dabei wendet er auch gerne manipulative Methoden an, um die endgültige Herrschaft über Menschen zu ergreifen. Der Soziopath auf der anderen Seite genießt es, Menschen zu quälen und ihnen anschließend das Rückgrat zu brechen, also

sie wortwörtlich zu vernichten. Sie haben das Gefühl, dass sie über das Leben anderer Menschen entscheiden dürfen. Deshalb behandelt er die Menschen in seiner Umgebung genauso wie Marionetten, mit denen er seinen Gefallen an Zerstörung auskosten kann. Nachdem Soziopathen dann genug von ihren Marionetten haben und ihnen das Leben zur Hölle gemacht haben, entscheiden sie sich schlussendlich dafür, die Person ein für alle Mal zu vernichten.

Was Psychopathie und Soziopathie jedoch gemeinsam haben, ist eine übersteigerte Zerstörungskraft, die sich in ihrer narzisstischen Selbstverliebtheit widerspiegelt und unaufhaltbar ist. Manche Wissenschaftler sprechen auch gerne von einem „D-Factor" (Dark-Factor), dem dunkle Kern in einer Person, welcher durch einen übertriebenen Egoismus gekennzeichnet ist. Menschen, die solch einen dunklen Faktor der Persönlichkeit besitzen, kennen keine Schuldgefühle und Gewissensbisse.

Narzissten weisen oft eine machiavellistische Persönlichkeit auf, die die grundsätzlich geltenden Moralvorstellungen in der Gesellschaft missachten und dies ausnutzen, um Menschen bewusst zu manipulieren. Besitzt ein Narzisst eine überaus große Menge von dem „D-Factor", ist es wahrscheinlich, dass dieser dazu tendiert, Menschen gnadenlos ausnutzen und gerne gewalttätig oder auch kriminell ist.

Daher sollten Sie vor allem Abstand vor solch einem Narzisst suchen, denn solcherlei Verhalten darf einfach nicht unterschätzt und toleriert werden.
Wenn der Narzisst bemerkt, dass sich alle Menschen aufgrund seines Verhaltens komplett von ihm fern halten, dann kommt es zu einem psychosozialen Crash: Keiner gibt ihm mehr Recht und verabscheut ihn für sein verachtendes Verhalten.

„Hass ist Sache des Herzens, Verachtung des Kopfes."
- Arthur Schopenhauer

Der Narzisst zeigt mit seinem verachtenden Verhalten lediglich, dass er emotional nicht reif genug ist, um seine eigenen Probleme in den Griff zu bekommen und dass er nicht dazu imstande ist, mit seinen Mitmenschen ein friedliches Gespräch zu führen. Verachtenden Menschen vermitteln ihre Absicht klar und deutlich: Sie wollen ihre Mitmenschen demütigen, indem sie sie erniedrigen, entwerten und öffentlich verspotten. Während Gefühle wie etwa Wut und Groll als Reaktion auf eine unerwartete Situation erfasst werden können, ist Verachtung viel mehr ein Gefühl, dass tief in einem sitzt und sich von Zeit zu Zeit immer mehr manifestiert und verstärkt. Verachtung kann also als eine Art Massenvernichtungswaffe interpretiert werden, die gnadenlos Menschen verletzt und wieder einmal aufgrund fehlender Selbstreflexion ausgenutzt wird.

Wenn Sie selbst dazu neigen, Menschen zu verachten, sollten Sie sich dringend einmal folgende Fragen stellen:

Wie mag sich mein Gegenüber wohlfühlen?
Wie fühle ich mich?
Was denke ich?
Wie hätte die Situation besser ausgehen können?
Wie hätten Sie sich in einer bestimmten Situation verhalten müssen, um einen schlechten Ausgang zu vermeiden?

Auch mittels therapeutischer Hilfe können Betroffene dabei unterstützt werden, ihre Handlungen besser zu reflektieren und zu kontrollieren. Zögern Sie daher nicht und holen Sie sich die Unterstützung.

Kapitel 5

Eine narzisstische Wunde: Eltern ohne Liebe

Die berühmte Psychoanalytikerin Margarete Mahler sagte einst, dass ein Kind sich „in den Augen seiner Mutter wiederfinden" muss, um sich von ihr geliebt zu fühlen.
Die Mutter ist für das Kind also viel mehr eine Art Spiegelbild, indem sich das Kind wieder sieht. Die eigene Identität findet es folglich durch die Liebe zu seiner Mutter.
Das Kind lernt die absolute und bedingungslose Liebe durch die Mutter kennen und sieht sich in dem makellosen Zustand des eigenen Ichs. Hier spricht der Psychologe von einem „normalen Narzissmus", bei dem das Kind das unendliche Bedürfnis nach Liebe verspürt.

Erfährt das Kind im jungen Alter diese Liebe nicht, weil die Eltern das Kind aus ihren eigenen Interessen heraus, zur Befriedigung ihrer Bedürfnisse missbraucht haben, dann gebraucht der Psychologe häufig das Wort „narzisstische Wunde" oder auch „narzisstischen Kränkung", um dieses

Phänomen darzustellen.
Solch eine narzisstisch verwundete Person entwickelt sich dann häufig zu einer Persönlichkeit, die dazu neigt, aggressiv und theatralisch auf andere Menschen einzureden.
Um sich den Erwartungen des Umfelds anzupassen, verstellt sich der narzisstisch gekränkte Mensch häufig.
Hier spricht man oft von dem Bild des „falschen Selbst“.

Ein verwundeter Mensch, der im jungen Alter bereits unter den Einflüssen seiner narzisstischen Eltern litt…
Lügen, an denen er als kleines Kind glauben musste…

Wie weit müssen Eltern gehen, bis die eigene Tochter oder der Sohn seine Eltern nicht mehr zu schätzen weiß?

Mein Mann hatte alles andere als eine leichte, ertragbare Kindheit erlebt. Das hatte er mir immer wieder erzählt.
Mir war aber nie so richtig bewusst wie massiv ihn seine Vergangenheit geprägt hat und wie sehr er darunter litt.
Was wünscht man sich da als Frau?
Natürlich besser als die eigenen Eltern oder die, des Partners zu sein, die einen missbraucht haben. Wenn die Wunden aber so tief sitzen, dass einem das Lieben zur Last wird, dann scheint dies nahezu unmöglich zu sein. *Wenn es einem dann schon schwerfällt sich selbst zu schätzen, wie soll das Lieben dann mit den eigenen Kindern vonstattengehen?*

Von den Eltern missbraucht zu werden führt immer zu bleibenden psychischen Schäden.
Im jungen Alter war Geringschätzung ein Zeichen der Liebe und in der Beziehung mit dem narzisstischen Partner spiegelt sich genau das wider: Die Vergangenheit, eine Zeit, in der Gefühle keine Rolle spielten, weil sie unwichtig waren. Und was macht ein Kind, das keine Gefühle zeigen darf? Es verdrängt sie bis zum Gehtnichtmehr.
Wenn die Gefühle ihn dann schließlich überwältigen, dann spürt ein Kind die Schmerzen. Tiefe Schmerzen, an denen es sich ein Leben lang erinnern wird. Verbaler Missbrauch ist für Kinder, die mit narzisstischen Eltern aufgewachsen sind, etwas Alltägliches. Mit der Zeit „gewöhnt" sich das Kind daran und sieht verbale Missbräuche als etwas völlig Normales an. Im erwachsenen Alter werden verbale Missbräuche dann auch nicht mehr als allzu „schlimm" wahrgenommen.

Benimm dich. Tue das und das…Sei einfach perfekt.

Erwachsene, die im jungen Alter verbale Missbräuche aufgrund deren Eltern erdulden mussten, berichten immer wieder von der mangelnden Empathie der Eltern. Sie seien nie stolz auf ihr Kind gewesen, hätten Erfolge nie zu schätzen gewusst und immer sehr hohe Erwartungen an einen gehabt. Dieses Bewusstsein, immer alles geben zu müssen, um den

Eltern annähernd gefallen zu können, sitzt tief verankert in einem Kind von narzisstischen Eltern.
Sie wollen keine Enttäuschung sein, aus Angst, von den eigenen Eltern bestraft zu werden. Belohnungen gibt es in der narzisstischen Familie nicht, gleichgültig wie erfolgreich das Kind nun sein mag, denn „es geht immer mehr".
Kinder, die in solch einem Ausmaß von ihren Eltern manipuliert werden, können sich da unmöglich gegen wehren. Sie haben das Gefühl auf Beziehungen angewiesen zu sein und empfinden Beziehungen als eine existenzielle Notwendigkeit. Die Erwartungen der Eltern werden dann als eine Pflicht angesehen, die es unbedingt zu erfüllen gilt.
Doch eines sollte uns hier bewusst sein: Narzisstische Eltern als „diabolisch" und „böse" abzustempeln, ist tatsächlich die falsche Weise, um ihr Verhalten darzustellen. Schließlich haben solche Eltern selbst eine traumatische Kindheit erleben müssen und wissen daher auch nicht, wie sie „richtig" mit ihrem Kind umzugehen haben.
Jede Mutter besitzt ein paar narzisstische Züge und das ist auch völlig in Ordnung. Sind die Züge aber viel zu weit ausgeprägt, dann ist es sehr wahrscheinlich, dass die Eltern eine ziemlich anspruchsvolle Beziehung zu ihrem Kind führen werden.

Das beste, was Eltern für ihre Kinder tun können, ist deren Persönlichkeitsentwicklung zu fördern, indem sie ihnen als

gutes Vorbild fungieren und akzeptieren, dass es nicht genau ihren Vorstellungen und Erwartungen zu entsprechen brauch.
Narzisstische Eltern denken nämlich genau das: *Mein Kind muss genau so und so sein.*
In Realität muss ein Kind rein gar nichts. Es hat einen eigenen Willen, ob es nun zehn, zwanzig oder dreißig Jahre alt sein mag.
Viele narzisstische Eltern wollen ein Leben lang die Kontrolle über ihr Kind haben, weil sie schließlich immer wissen, was „gut" und „schlecht" für einen ist.
Die narzisstische Eltern-Kind-Beziehung ist grundsätzlich von einem außerordentlich autoritären Erziehungsstil geprägt und das wird umso ersichtlicher, wenn wir bedenken, dass narzisstische Eltern hart im Bestrafen sein können.
Schmerzhafter wird es für das Kind jedoch, wenn die eigenen Eltern sich urplötzlich wünschen, dass ihr Kind nie geboren worden ist oder einfach ganz woanders lebt.

Ein Kind narzisstischer Eltern lebt, um es etwas überzogen auszudrücken, also lediglich, um die Bedürfnisse seiner Eltern zu erfüllen. Es spielt Klavier, damit sich die Eltern überglücklich fühlen, ob es dem Kind selbst gefällt, interessiert niemanden in der Familie.
Wenn wir gründlich nachdenken, dann fällt uns vielleicht sogar eine Person ein, die von den eigenen Eltern narzisstisch missbraucht wurde.

Vielleicht waren oder sind wir es aber auch selbst?

Doch wie geht man nun mit solchen Eltern um?
Verändern kann man sie schwer; was bleibt einem dann noch übrig?

Die Realität einfach zu akzeptieren;
dazu gehört, zu akzeptieren, dass die Eltern nicht imstande sind, einem die Liebe zu schenken, nach der man sich ein Leben lang gesehnt hat, aber auch einzusehen, dass man womöglich einen Menschen mit Empathie in seinem Leben braucht, der einen beim Heilungsprozess unterstützen kann, seien es nun enge Freunde oder ein Therapeut. Ihnen die eigene Geschichte anzuvertrauen, wird einen nicht nur erleichtern, sondern hilft einem auch dabei zu erkennen, was „normal" und „missbrauchend" in der vergangenen oder noch bestehenden Beziehung zu den Eltern (gewesen) ist.
Manchmal kann es auch ganz hilfreich sein, einen Stift in die Hand zu nehmen und seine Gedanken und Gefühle festzuhalten.

Menschen, die missbraucht wurden oder immer noch werden, müssen realisieren, dass Vorwürfe wie etwa „Du bist wertlos" nicht die Realität widerspiegeln, auch wenn man völlig davon überzeugt ist, weil einem das im jungen Alter immer wieder

eingetrichtert wurde. Eigene Werte müssen erkannt und geschätzt werden! Kinder oder auch Erwachsene,
die jahrelang missbraucht wurden, leiden häufig unter „Echoismus“, einem Zustand der Psyche, welcher durch eine toxische Beziehung hervorgerufen wird. Emotionale und mitfühlende Menschen neigen ebenfalls dazu „Echoisten“ zu werden, die die Bedürfnisse und Wünsche anderer an erster Stelle setzen und sich schwer damit tun, achtsam mit sich selbst umzugehen.

Da die Entstehung von narzisstischen Zügen bereits in der „Erziehungsphase“ der Eltern stattfindet, lässt sich daraus auch schlussfolgern, dass sich die mangelnde Empathie von Narzissten überwiegend auf eine belastende Vergangenheit zurückzuführen lässt.
Solche Menschen haben nichts anderes erlebt, als eine traumatische Kindheit;
eine Zeit, in der normalerweise die eigentliche Entwicklung des Selbstwerts stattfindet, was bei der narzisstischen Erziehung jedoch nicht der Fall ist.
Das Kind hat keine Möglichkeit, sich zu entfalten, weil ihm die mütterliche Empathie verweigert wird, weshalb das Kind, infolgedessen, ein Autonomiegefühl entwickelt.

In dem Buch „By the cause“ beschreibt die englische Autorin Dr. Judy Rosenberg was für Auswirkungen das Verhalten einer Mutter auf die Entwicklung des Gehirns eines Kindes haben kann. Sie legt dar, dass mangelnde Empathie seitens der Mutter sowohl kognitive, als auch emotionale Schäden beim Säugling oder auch jungen Kindern hervorrufen kann. Diese Folgen tragen sich dann von Generation zu Generation weiter und zeigen sich als eine ernstzunehmende psychopathologische Erkrankung, die mit starken Depressionen, belastenden Ängsten und auch Trauerzuständen einhergeht.

Die Geringschätzung der Narzissten für deren Umfeld stammt häufig aus der mangelnden Empathie, die sie im jungen Alter erfahren haben. Mangelnde Empathie ist also manchmal ein hilfreicher Hinweis, um einen Narzissten zu identifizieren.
Ein weiterer Hinweis, hingegen, dass Sie es womöglich nicht mit einem Empath zu tun haben, kann auch seine Tendenz zur Ausbeutung anderer Menschen sein, aber zugleich die Tatsache, dass er aus einer Beziehung immer nur seine eigenen Vorteile herausziehen möchte.
Was Sie von der Beziehung selbst erwarten, steht bei ihm grundsätzlich an letzter Stelle.
Ihnen wird außerdem auch schnell auffallen, dass sich ein Narzisst gerne mit sich selbst beschäftigt und nicht wirklich auf die Bedürfnisse anderer Menschen eingeht.
An dieser Stelle müssten bei Ihnen dann alle Alarmglocken klingeln. Lassen Sie sich nicht auf ihn ein und wenn Sie das

tun, dann mit durchdachten Strategien.
„Es gibt leider nicht sehr viele Eltern, deren Umgang für die Kinder ein Segen ist." - Marie von Ebner-Eschenbach

Wenn wir hier vom Umgang der Eltern mit den Kindern sprechen, dann stellt sich auch die folgende Frage:
Welche negativen Eigenschaften von Eltern tragen neben mangelnder Empathie noch dazu bei, dass Kinder letztendlich zu Narzissten werden?

Erstaunlicherweise konnten Forscher beweisen, dass eine elterliche Überbehütung der Kinder neben mangelnder Empathie maßgeblich dazu beitragen kann, dass ein Kind letztendlich eine narzisstische Persönlichkeitsstörung entwickelt. Überbehütung heißt hier, dass sich die Eltern in allen Angelegenheiten des Kindes einmischen möchten; einerseits, um es unter Kontrolle zu bekommen, aber auch andererseits, um es vor den Gefahren der Außenwelt zu schützen. Dass Eltern ihr Kind immer beschützen wollen, ist zwar selbstverständlich, aber auch nur teilweise förderlich. Überbehütung kann tatsächlich auch ziemlich negative Seiten offenbaren, vor allem dann, wenn Eltern das Bedürfnis verspüren, ihr Kind ständig vor Konflikten schützen zu müssen und der Überzeugung sind, jeden Gegenwind eindämmen zu müssen.

Das Kind lernt folglich nicht, wie es ohne die Hilfe seiner Eltern mit Konflikten, aber auch Fehlern und Enttäuschungen, umzugehen hat und wächst zusätzlich mit viel zu hohen Erfolgserwartungen der Eltern auf, die ihn dann vermutlich sein ganzes Leben lang begleiten könnten. Dann gibt es aber auch die Sorte von narzisstischen Müttern, die jede Handlung, die zum Erfolg des Kindes beiträgt, übermäßig lobt.

Laut einer Studie würde Überbewertung stark mit dem pathologischen Narzissmus zusammenhängen, bei der die Mutter ihrem Kind zu wissen gibt, dass allein „Erfolg" im Leben wirklich zählt und eine Rolle für die Eltern spielt. Das Kind definiert sich folglich über seine eigenen Erfolge.

Dass das eine Angst vor Misserfolgen zur Folge hat, ist bei solch einem Erziehungsstil, das es bis ins Extreme zieht, bereits ganz offensichtlich.

Die Eltern offenbaren dem Kind eine falsche Sicht auf Erfolge! Statt dem Kind zu vermitteln, dass es ohne Misserfolge keine Erfolge haben kann, gehen narzisstische Eltern offensichtlich davon aus, dass erfolgreich sein, ein Dauerzustand sein muss bzw. ist.

Dieses Bild von Erfolg vermitteln narzisstische Eltern ihrem Kind, weshalb es dem Willen der Eltern wegen, die Pflicht verspürt, viel Leistung erbringen zu müssen, aus der Angst heraus zu versagen und somit eine Enttäuschung für die eigenen Eltern zu sein.

In Realität können wir jedoch viel mehr im Leben erreichen, wenn wir die Angst vor Misserfolgen überwinden,
doch das scheinen noch nicht allzu viele Menschen wahrhaftig verstanden zu haben.
Folglich ist es nicht wirklich ein Mangel an elterlicher Zuneigung, dass zur narzisstischen Entwicklung des Kindes beiträgt, sondern eher zu wenig Wärme und Zuneigung, dass das Kind vonseiten seiner Eltern erfährt.
Es ist völlig in Ordnung, wenn Eltern ihre Kinder als etwas „Besonderes“ ansehen, denn tatsächlich sind sie es auch. Dem Kind aber zu vermitteln, dass es „besser“ als alle Anderen ist und ihnen sogar überlegen ist, begünstigt nur die Entwicklung von narzisstischen Zügen bei einem Kind.
Außerdem sollten Eltern ihren Kindern vermitteln, dass Nächstenliebe etwas „selbstverständliches“ unter Menschen ist. Das Kind sollte nicht die Einstellung entwickeln, nur die Dinge zu tun, für die es belohnt wird, bzw. im Gegenzug etwas bekommt.
Nächstenliebe ist eine unverzichtbare Grundlage, um das Selbstbewusstsein eines Kindes zu stärken. Kein Kind sollte das Gefühl haben, mit Anderen konkurrieren zu müssen,
um von den eigenen Eltern endlich akzeptiert zu werden. Gleichberechtigung spielt hier ebenfalls eine wesentliche Rolle: Ein Kind sollte verstehen, dass jeder Mensch gleichbehandelt werden muss und Respekt verdient.
Indem Eltern Regeln im Haushalt aufstellen, können sie

ihrem Kind ebenfalls vermitteln, dass Regeln tatsächlich auch immer eingehalten werden sollten.
Narzisstische Eltern bevorzugen es, dem Kind zu zeigen, dass es in Ordnung ist Regeln zu brechen und damit Dinge zu tun, die rechtswidrig und unmoralisch sind.
Solche Kinder neigen dann meistens dazu, rebellisch zu werden und Regeln zu missbrauchen, weil ihre narzisstischen Eltern solch ein Verhalten wortlos tolerieren.
Eine gesunde Persönlichkeitsentwicklung bedarf daher viel Liebe, Zuneigung und Empathie, damit es erst gar nicht zur rebellischen Entwicklung des Kindes kommt. Ihnen sollte außerdem auch bewusst sein, dass die Entwicklung des Kindes zwar maßgeblich von den Eltern beeinflusst wird, aber auch andere Einflüsse, wie etwa soziale Medien, das Kind „formen“ können. Deshalb ist es für Eltern unabdingbar, dass sie über die Gefahren der Medien aufklären, indem sie ihrem Kind vermitteln, dass das Leben der digitalen Welt oft eine Scheinwelt darstellt und dass Perfektionismus ein Ziel ist, das unmöglich erreicht werden kann.

Kinder, die sich auffällig im Unterricht verhalten,
zu Wutausbrüchen neigen, andere regelmäßig ausnutzen, kein Mitgefühl für andere zeigen und dazu neigen, sich häufig mit Gleichaltrigen zu streiten, können narzisstische Tendenzen aufweisen.

Für Eltern sollte solch ein Verhalten ernst genommen werden, denn die Gefahr, dass das Kind eine chronische Persönlichkeitsstörung im Jugend- oder Erwachsenenalter entwickeln könnte, wäre nicht allzu unwahrscheinlich. Vor allem im Teenage-Alter ist die Gefahr relativ groß, dass sich ein narzisstisches Verhalten bei Kindern verstärkt, denn in dieser Phase ihres Lebens, neigen sie dazu weniger emphatisch gegenüber Menschen zu sein.
Grund dafür könnte die Tatsache sein, dass Jugendliche nach ihrem Platz auf der Welt suchen und daher zunächst ihre richtige Identität finden müssen.
Deshalb brauchen Jugendliche genau in diesem Abschnitt ihres Lebens viel Unterstützung von den Eltern, aber auch genug Freiraum, um sich zu entfalten. Eltern können pubertierende Kinder am besten unterstützen, indem sie ihnen immer wieder die Signifikanz von Empathie vermitteln und ihnen damit zeigen, dass es falsch ist, sich komplett von den Mitmenschen zu distanzieren. Dass Jugendliche sich gerne zurückziehen ist völlig in Ordnung und auch notwendig in ihrer Phase der Identitätssuche, geschieht dies jedoch dauerhaft, dann kann das zurückziehen vom Familien-und Sozialleben ausdrücklich auf eine Depression hindeuten.

Wie Sie sehen spielt Empathie ständig eine wesentliche Rolle im Leben, vor allem dann, wenn sich junge Menschen bzw. Kinder in der Phase der Persönlichkeitsentwicklung befinden.

Empathie ist zusammenfassend also eine essenzielle Grundlage für ein gelingendes Miteinander in der Familie, aber auch für eine gesunde Koexistenz in Beziehungen und unter Freunden.

Die große Gabe des Menschen ist die Fähigkeit zur Empathie.
- Meryl Streep

„Familie“ - In der Psychologie beschreibt das Wort nichts anderes als „eine soziale Beziehungseinheit“, die besonders durch Intimität (vgl. Petzold, 1999) geprägt ist.
Die Eltern gelten hierbei als die erste Bezugsperson und damit auch als die ultimativen Vorbilder eines Kindes.

Doch warum brauchen Kinder nun Vorbilder?

Wenn wir die Psyche der Kinder genauer unter die Lupe nehmen, dann erkennen wir, dass selbst kleine Kinder schon früh mit Gefühlen der Enttäuschung, aber auch Unzufriedenheit konfrontiert werden. Viele Erwachsene tun sich schwer damit, sich vernünftig in die Situation eines Kindes hineinzuversetzen und zu verstehen, wie sich ein Kind wohlfühlen mag, wenn es beispielsweise der Eltern wegen umziehen muss und sich von seinen besten Freunden zu verabschieden hat.
Für viele Eltern, die bereits zahlreiche Erfahrungen mit Verlust, Trauer und dem Loslassen von Dingen gemacht haben, ist es oft nicht verständlich, warum ihre Kinder solche negativen Gefühle um ein Vielfaches stärker spüren als sie es zu erkennen geben. Ein Kind kann nicken und sagen, dass es ihm gut geht, aber sich innerlich alleine gelassen fühlen. Dies geschieht vor allem dann, wenn die Eltern das Kind gelegentlich einschüchtern und dem Kind nicht die Zeit und Freiheit geben sich zu entfalten. Bei der emotionalen

Entwicklung des Kindes spielen soziale Kompetenzen in jeglicher Hinsicht eine signifikante Rolle. Dabei dürfen die Begriffe „Emotionen“ und „Gefühle“ nicht vertauscht werden, denn die Emotionen selbst entwickeln sich immer aus den Gefühlen, mit denen das Kind während seiner Entwicklung konfrontiert wird. Dabei lernt es die negativen und positiven Gefühle durch seine Eltern kennen. Um letztendlich ein positives Klima in der Familie zu schaffen, ist es unverzichtbar, dass das Kind sowohl mit negativen als auch positiven Gefühlen in Kontakt kommt. Damit zeigen Sie Ihrem Kind, als „Vorbild“, dass Gefühle, ob nun gut oder schlecht, immer eine wichtige Rolle im Leben spielen und deshalb einen besonderen Wert haben. Nehmen Sie die Gefühle des Kindes also immer ernst, wenn sich Ihr Kind Ihnen öffnet.

Wenn Sie selbst Mutter oder Vater sind und glauben Ihrem Kind gegenüber doch etwas „zu“ narzisstisch zu sein, dann sollten Sie sich einen kleinen Ruck geben und dies ändern. Aufgrund der Tatsache, dass Kinder häufig aus dem Impuls heraus handeln, sollten Sie Ihrem Kind zeigen, wie es mit Gefühlen wie etwa Wut oder Angst am besten umzugehen hat. Da die Entwicklung des Vorderhirns, welches übrigens für die Verhaltenskontrolle zuständig ist, bei jungen Kindern noch nicht komplett ausgereift ist, ist es umso wichtiger,

dass Eltern ihren Kindern bestimmte Fähigkeiten vermitteln, um die Impulsivität des Kindes zu minimieren und in den Griff zu bekommen.
Auf diese Fähigkeiten kann ein Kind dann immer wieder zurückgreifen, wenn ihm danach ist, ihre Wut unter Kontrolle zu bekommen.
Kinder aus einer narzisstischen Familie erlernen diese Fähigkeit der Kontrolle normalerweise nicht, weshalb sie im Erwachsenenalter große Probleme damit haben, ihre innere Ruhe zu finden und sich mit komplizierten und nervenaufreibenden Situationen auseinanderzusetzen.
Auffällig bei solch erzogenen Kindern ist eine unübersehbare Reizbarkeit und Anspannung.
Bei manchen Kindern, die gelegentlich von ihren Emotionen überwältigt werden, fällt auch ein ängstliches, teilweise deprimiertes Verhalten auf, was für Eltern nie als gutes Zeichen aufgefasst werden sollte.

In diesem Kapitel habe ich die Notwendigkeit empfunden, vor allem auf die Eltern-Kind-Beziehung einzugehen, weil sie letztendlich entscheidend dafür ist, wie sich das Kind im Erwachsenenalter verhaltenstechnisch zeigt.
Damit möchte ich auch auf das Problem hinweisen, dass solch toxische Beziehungen zwischen Eltern und Kind häufig ursächlich dafür sind, dass Jugendliche bereits im jungen Alter depressiv werden.

Depressionen sind heutzutage weit verbreitet denn je und sollten von Eltern mehr als ernst genommen werden. Vor allem Kindern fällt es schwer mit der Trennung ihrer Eltern, familiären Problem oder Todesfällen in der Familie umzugehen.
Das sind übrigens alles Gründe, weshalb junge Menschen dazu neigen könnten, eine Depression zu entwickeln.
Neben familiären Gründen kann es auch eine generelle Überforderung, manchmal aber Unterforderung oder zahlreiche Misserfolge in der Schule sein dazu beitragen. Ursachen wie etwa körperliche Misshandlung, Mobbing, Alkohol, Drogen oder eine unerwünschte Schwangerschaft spielen häufig auch eine wesentliche Rolle.
Entscheidend ist jedoch: Die Familie. Sie hat einen großen Einfluss auf die Persönlichkeitsentwicklung des Kindes. Wenn das Kind das Gefühl hat, dass es mit seinen Eltern einfach nicht klar kommt, wird es mit der Zeit immer mehr Abstand von ihnen suchen. Ein Kind wird sich dann in seine eigene Höhle verkriechen und eine Mauer um sich bauen: Eine Mauer der Angst, Trauer, Wut, Hilflosigkeit, Rache und Einsamkeit.

Dann heißt es vonseiten des Kindes: *„Ich hasse meine Mutter. Ich hasse meinen Vater. Ich hasse meine Eltern!“*

Das Kind sieht die Eltern dann plötzlich aus einer ganz anderen Perspektive.

„Meine Eltern lieben mich nicht. Sie wollen mich nicht. Sie hassen mich."

Und dann?
Dann wird das Kind älter und bricht den Kontakt zu seinen Eltern ab, weil es das Gefühl hat, dass sie ihm nur zur Last werden.

Ich kann mich noch ziemlich gut daran erinnern:
An meinem neunzehnten Geburtstag habe ich ein Mädchen kennengelernt, das mir von Anfang an direkt sympathisch erschien. Wir redeten gerne miteinander und dann, ja dann erzählte sie mir von Dingen, die ich zuvor nie von ihren Augen ablesen konnte. Dass sie depressiv war, war mir schon etwas länger bekannt, doch die Hintergründe wurden mir immer vorenthalten. Ich akzeptierte das und empfand es zu diesem Zeitpunkt auch als die bessere Entscheidung. Schließlich war ich in meinen jungen Jahren immer die Person gewesen, die alles viel zu persönlich nahm.
Gegen meinen Willen löste ich mich bei jeder Kleinigkeit in Tränen auf, hatte Probleme damit, meine Gefühlsausbrüche zu kontrollieren und hatte ziemlich hohe Erwartungen an mich selbst. Als sich meine neue Freundin öffnete, fühlte ich

mich mit der ganzen Situation komplett überfordert. Sie erzählte mir, dass sie von ihrem eigenen Vater missbraucht wurde, während ihre Mutter gelegentlich handgreiflich wurde.

Ich kannte diese Welt nicht, von der sie sprach. Für mich Klang solch eine Vergangenheit einfach nur grauenhaft und dennoch zuckte das Mädchen neben mir gelassen die Schultern.

„Damit muss ich klarkommen, wie jede andere Person auch."

Das waren Worte, die kälter klangen als alles andere, was ich zuvor je gehört hatte. Mit meinen niedlichen neunzehn Jahren verstand ich die Welt noch nicht richtig. Ich sah Leid und Schmerz und versuchte die Menschen um mich herum zu verstehen. Ich wollte einfach wissen, was sich in deren Köpfen abspielte. Doch was ich am meisten wollte war helfen. Ich wollte in erster Linie die Person sein, die anderen das Leben um einiges leichter machte.

Gelegentlich informierte ich mich bei meinen Freunden über deren Wohlbefinden. Wenn es ihnen schlecht erging, dann gab ich meine kostbare Zeit für sie auf, in der Hoffnung einem Menschen von Nutzen zu sein. Vielleicht war das eine ziemlich ungesunde Angewohnheit, die ich ständig zu tun pflegte und vielleicht hat mich genau diese Angewohnheit meine vergangene Ehe gekostet, doch ich habe eins aus allen mitnehmen können: *Was du als „gut“ empfindest, muss für andere nicht immer „gut“ sein.*

Meine Ehe war nur ein Beweis dafür, dass ich mich viel zu sehr für andere Menschen interessiert habe. Ich habe viel zu viel Zeit in Dinge investiert, über die ich letztendlich keine Macht hatte. Ich wollte Probleme lösen und konnte noch nicht einmal meine Eigenen in den Griff bekommen.
Damit möchte ich Ihnen nur sagen, dass sie etwas Egoismus in sich tragen sollten. Genug, um den Menschen, denen sie immer wieder hinterherrennen, auch mal zu sagen:
„Ich habe keine Zeit.“

Genau das fehlt vielen Empathen manchmal: Genug Zeit für sich selbst.
Manche Menschen erkennen nicht, dass sie viel zu großzügig sind, während Narzissten manchmal nicht erkennen, wie übel ihre eigene Wortwahl doch ist. Ob Empath oder Narzisst, jeder hat es verdient ernst genommen zu werden.

Da ich selbst mit einem Narzissten, den ich einst zu lieben geglaubt habe, zusammen gelebt habe,
fällt es mir umso schwerer zuzugeben, dass genau diese Person, die größte Enttäuschung in meinem gesamten Leben war und immer noch ist. Das heißt jedoch noch lange nicht, dass ich Narzissten gegenüber abwertend bin. In Wahrheit

empfinde ich vielleicht sogar etwas Mitleid mit solchen Menschen, weil ich weiß, dass sie nicht von Grund auf böse sind. Sie verhalten sich zwar wütend und kaltherzig, dennoch haben sie Gefühle. Sie fühlen sich traurig, genau wie jeder andere Mensch auch. Ihnen sieht man die Traurigkeit nicht an, weil sie gelernt haben ihre Gefühle zu verbergen. Kaltherzigkeit heißt nämlich nicht, dass man keine Gefühle hat, sondern dass es einem schwerfällt, diese Gefühle zu spüren oder es bevorzugt, diese zu unterdrücken.
Genauso ist es auch mit depressiven Menschen: Manchen sieht man die Traurigkeit an, anderen hingegen nicht. Dann gibt es die Menschen, die gelassen über ihre Gefühle sprechen können, während andere lieber selbst mit ihrer Psyche und ihren eigenen Problemen klarkommen wollen.

Das müssen wir letztendlich alle realisieren: Menschen dürfen nicht in Kisten gesteckt werden, das gilt insbesondere für depressive und narzisstische Menschen.
Genauso wie keiner von sich behaupten kann, dass alle Männer oder Frauen gleich sein, sollte niemand in Erwägung ziehen zu sagen, dass Narzissten sich alle gleich verhalten. Wenn von narzisstischen Zügen gesprochen wird, dann spielt die Ausprägung der Züge bei einem Menschen eine wesentliche Rolle und nicht wie viele Züge jemand letztendlich besitzt.

Die Wurzeln eines Narzissten spiegeln sich folglich, wie Sie bereits erkannt haben, in einer prägenden Kindheit wider.

„Man versteht die Kinder nicht, ist man nicht selbst kindlichen Herzens. Man weiß sie nicht zu behandeln, wenn man sie nicht liebt, und man liebt sie nicht, wenn man nicht liebenswürdig ist." - Ludwig Börne

„Wenn man sie nicht liebt…"
Wie entsteht Liebe, Mutterliebe, nun eigentlich und was macht sie aus?

Die eigentliche Mutterliebe, von der oft gesprochen wird, entsteht bei jeder Frau zu unterschiedlichen Zeitpunkten. Während manche Frauen bereits in der Schwangerschaft „Muttergefühle" entwickeln, kommen diese bei anderen Frauen erst nach der Geburt. Es gibt solche Frauen, die sich generell damit schwertun, diese Gefühle in sich zu spüren.
Die Mutterliebe, bei der Fürsorge eine wesentliche Rolle spielt, wird grundsätzlich durch ein spezielles Hormon, dem Oxytocin, gesteuert. Das Hormon verursacht und verstärkt also die mütterlichen Gefühle für das Kind, die dann eine enge Bindung zwischen Mutter und Kind ermöglichen.

Empfindet die Mutter jedoch ihrem Kind gegenüber nicht viel Fürsorge, dann kann solch eine Bindung zum Kind nicht

aufgebaut werden.
Da das Kind die Mutter als Teil seiner selbst sieht, sollte eine Kind-Mutter-Symbiose immer vorhanden sein.
Nicht jede Mutter ist jedoch imstande Mutterliebe für ihr Kind zu verspüren. Dies gilt auch für Mütter, die sich über eine Schwangerschaft freuen und nach der Geburt merken, dass sie keine Bindung zum Kind bemerken. In solch einer Situation geratet manch eine Mutter in Verzweiflung und fragt sich, ob nun etwas mit ihr selbst los sei.
Wenn Mütter ihre Kinder nicht lieben, dann hört sich das für viele erstmal falsch und grausam an. Dennoch, dahinter versteckt sich womöglich eine ernstzunehmende psychische Krankheit oder viel eher eine Persönlichkeitsstörung.

Letztendlich heißt es jedoch nicht, dass solche Mütter Liebe nicht spüren können, sondern andere Dinge im Kopf haben, die ihnen das Leben erschweren und solch eine Liebe nicht zulassen. Auslöser für solch eine Gefühlslage könnte entweder die eigentliche Geburt des Kindes sein, die komplett aus der Eigenkontrolle geraten ist oder die Tatsache, dass das Kind bereits unmittelbar nach der Geburt Leid erfahren musste. Folge davon ist, dass sich die Mutter gefühlsmäßig in die eigene Welt zurückzieht und damit versucht sich selbst zu schützen. In solch einer Situation wäre es sicherlich empfehlenswert sich die nötige Unterstützung zu suchen,
um das Kind nicht komplett auf sich selbst gestellt

zurückzulassen.

Die Enttäuschung sitzt bei Müttern in solch einer Situation recht tief, dennoch sollten sie nicht darauf verzichten sich familiäre oder doch professionelle Hilfe zu suchen.
Eine schwache Bindung zum Kind kann sowohl bei der Mutter als auch beim Kind negative Folgen auf die langfristige Beziehung zum Kind haben.
Auch ein ungewolltes Kind bekommt grundsätzlich nicht die Zuneigung, die es verdient hätte und erhält von der Mutter nur die nötigste Verpflegung.
Es bekommt also nur das „Mindeste“ von seiner Mutter, damit das Überleben des Kindes gesichert ist.
Für das Kind selbst ist dies viel mehr ein emotionales Trauma, bei dem die Mutter das eigene Kind für ihr Unglück verantwortlich macht.

Trotz all den Konflikten und Schmerzen, die das Kind bis zum Erwachsenenalter auf sich sitzen lassen musste, sehnt es sich immer wieder nach einer „normalen“ Unterhaltung mit seiner Mutter und etwas Zärtlichkeit ihrerseits. Wenn all diese Versuche seitens des Kinds scheitern, dann fühlt es sich mit der gesamten Situation überfordert und gibt nach. Das Kind versucht dann von seiner Mutter loszulassen, merkt aber, dass das so gut wie unmöglich ist. Auf Abstand zu gehen scheint langfristig die beste Lösung zu sein, doch kein Rezept für

Heilung. Der Gedanke an die Vergangenheit macht einen emotional und löst unerträgliche Schmerzen in einen aus. Verdrängung wird dann immer als die beste Lösung angesehen, die für viele selbstverständlich und auch „richtig" ist.

Das eigene Verhalten scheint plötzlich unkontrollierbar zu sein. Von einem auf den anderen Moment verändert sich die Gefühlslage:

Vor zehn Minuten noch schien die Person die glücklichste Person auf Erden zu sein und nun macht sie ein Gesicht wie drei Tage Regenwetter. Solche Verhaltenszüge sind üblich bei einem emotionalen Trauma.

Unkonzentriertheit und Ängste machen sich immer wieder bei der Person bemerkbar. Die „emotionale Nahrung" fehlt hier ganz offensichtlich und ohne diese Nahrung macht sich Erschöpfung und Fragilität bei einem bemerkbar.

Der Person fehlt also etwas Wesentliches im Leben, was sie grundsätzlich dazu antreibt sich aktiv im Leben anderer Menschen zu beteiligen. Verschlossen und alleingelassen sucht sie nach Liebe in einer Partnerschaft und wenn diese dann auch nicht auffindbar ist, findet der Mensch keine innere Ruhe mehr.

Die Situation scheint aussichtslos und das ist nicht selten der Fall bei vielen Betroffenen, die ein Kindheitstrauma erlitten haben.

Wenn wir auf die aktuellsten Statistiken schauen, dann sehen

wir, dass mehr als die Hälfte aller Menschen mindestens einmal im Leben ein seelisches Trauma erleiden, wobei nicht jeder gleich eine posttraumatische Belastungsstörung entwickelt.
In anderen Worten: Die Hirnaktivität und das Verhalten der Menschen, die etwas Traumatisches im Leben erlebt haben, unterscheidet sich deutlich von anderen Menschen.

Ein traumatisches Erlebnis verursacht,
dass die betroffene Person die komplette Kontrolle über ihre eigenen Handlungen verliert. Sie handelt nur noch aus den Instinkten heraus, wobei reichlich Stresshormone,
Adrenalin, Endorphin und Noradrenalin, ausgeschüttelt werden. Dadurch befindet sich die traumatisierte Person in ständiger Alarmbereitschaft und ist nicht mehr imstande die Umgebung „richtig“ wahrzunehmen.

Ein Kindheitstrauma kann in Folge von erbarmungsloser Gewalt, einer Vernachlässigung des Kindes durch die Eltern, aber auch aus der Einsamkeit des Kindes resultieren.
Neben diesen Folgen können auch plötzliche Verluste, wie der Tod einer nahestehenden Person, das Kind sehr belasten. An dieser Stelle ist es normalerweise ratsam mit dem Kind zu sprechen. Ist das Kind der Eltern wegen traumatisiert, dann weiß es sich in der Situation nicht zu helfen. Das Kind wird von Erinnerungen heimgesucht und ist komplett verängstigt,

während seine Einstellung zum Leben sich zum Negativen hin verändert. Während manch ein Narzisst mit der Kindheit traumatische Erinnerungen verbindet, kann eine Person, die mit einem Narzissten eine Beziehung geführt hat, genauso gut die Partnerschaft als traumatisierend empfinden, was häufig sogar vorkommt. Eine Folge, die daraus resultiert, wenn man mit einem Narzissten zusammen ist, kann durchaus sein, dass das Opfer eines Narzissten bzw. einer Narzisstin sich aufgrund der Beziehung psychisch traumatisiert fühlt.

In Folge eines Missbrauchs vonseiten des narzisstischen Partners tendiert das Opfer dazu mit reichlichen Problemen in Kontakt zu kommen.
Es fühlt sich depressiv, hat Suizidgedanken, muss sich mit seinen zahlreichen Ängsten auseinandersetzen, entwickelt Essstörungen und ist anderen gegenüber sehr misstrauisch. - Das sind nur wenige Beispiele, die vereinzelt oder im Großen Ganzen auftreten können.
Neben einer psychischen Traumatisierung empfindet das Opfer auch ein Gefühl der Einsamkeit.
Es realisiert urplötzlich, dass es mutterseelenallein auf sich gestellt ist.
Die sozialen Kontakte scheinen wie verschollen zu sein.
Als Folge dessen sinkt das Selbstwertgefühl der Person, die narzisstisch missbraucht wurde. Nun hat sie niemanden außer ihrem narzisstischen Partner. Diesen Partner in naher Zukunft

zu verlassen, scheint dann plötzlich keine Option mehr zu sein. Aufgrund der nicht vorhandenen sozialen Kontakte, die über eine Zeitperiode hinweg immer mehr vernachlässigt wurden, fühlt sich die missbrauchte Person nicht imstande noch eine Person zu „verlieren“. Um nicht das Gefühl zu bekommen, niemanden mehr zu haben, krallt sich die Person, um es etwas übertrieben auszudrücken, am Leib des narzisstischen Partners fest. Der Person ist zwar bewusst, dass ihr Partner ihr nicht zugutekommt, dennoch weigert sie sich die Option zu wählen, ihn zu verlassen. Dem Narzissten selbst ist es völlig gleichgültig, ob die Partnerin oder der Partner soziale Kontakte hat. Er persönlich bevorzugt es sogar, wenn der Beziehungspartner auf diese komplett verzichtet. Wenn man mit einem Narzissten zusammen lebt, ist es nahezu unmöglich soziale Kontakte aufzubauen. Dies wird einem normalerweise nur dann möglich sein, wenn man sich endgültig von ihm trennt.
Soziale Isolation muss nämlich jede Person, die von einem Narzissten missbraucht wird, früher oder später zu spüren bekommen.

Glauben Sie tatsächlich, dass das alles ist?

Ein Narzisst würde sogar so weit gehen, dass der Partner sich finanziell von ihm abhängig fühlt. Er wird also buchstäblich dafür sorgen, dass dieser ihm hinterherlaufen muss, um

keinen finanziellen Verlust zu erfahren. Der Narzisst hat die Kontrolle über alle finanziellen Mittel, die sich im Haus befinden. Ihn gehören die Mittel und das macht er in der Beziehung auch deutlich. Der Beziehungspartner soll nämlich das Gefühl bekommen, dass er vollkommen mittellos und hilflos ist, um in Erwägung zu ziehen ihn zu verlassen.
Diese Strategie, den Partner an sich zu binden, wirkt nicht nur hinterhältig, sondern ist fast schon ausbeuterisch.
Da dem narzisstischen Partner alles recht ist, wird er, wenn es sein muss sogar seine eigene Partnerin ausbeuten.

Wie uns nun bewusst ist, hat jeder Narzisst eine eigene Wesensart. Die aufgezählten Folgen einer Beziehung mit einem Narzissten sind also nicht allgemeingültig und können daher auch vereinzelt bei einem Narzissten auftreten. Daher: Nehmen Sie solche Drohungen und Erpressungsversuche von einem Narzissten als Warnung wahr und denken Sie nicht viel zu lange über die Zukunft nach. Was hilft Ihnen finanzielle Sicherheit, wenn Sie psychisch am Ende sind? Nichts und daher sollten Sie ruhig auch einmal den Ton angeben und sich nicht einschüchtern lassen.
Einschüchterung scheint bei Kindern und Erwachsenen immer ganz gut zu wirken, aber ist wie Sie bereits erkannt haben eine altbewährte Methode, um jemanden zum Schweigen und Gehorchen zu bringen.

Da mir bei meiner Beziehung mit meinem narzisstischen Mann bewusst war, dass sein Narzissmus unsere Kinder ebenfalls negativ beeinflussen könnte, hatte ich schon ziemlich lange bange um sie. In der Hoffnung die Kinder nicht zu verletzen, blieb ich bei meinem Mann, aber im Nachhinein habe ich erkannt, dass es wohl besser gewesen wäre, wenn ich ihn viel früher verlassen hätte. Damit wäre meinen Kindern und mir definitiv viel Leid erspart geblieben. Bereuen tut man immer alles im Leben, aber dass ich aus meinen Fehlern gelernt habe, finde ich umso besser.

Hätte ich die „falschen" Entscheidungen nicht getroffen, dann wäre ich wahrscheinlich nicht dort, wo ich heute bin. Ich musste bis an meine Grenzen gehen, um zu verstehen, was oder wer mir wirklich etwas im Leben bedeutete.
Im Nachhinein ist man immer der Klügere und deswegen sollte einem auch bewusst sein, dass Fehler einen im Leben nur weiter bringen. Sich fachliche Hilfe zu holen ist durchaus empfehlenswert, auch wenn viele Menschen, die von ihrem Partner missbraucht werden, diese Möglichkeit oftmals übersehen.

In solch einer Phase, wo man psychische Traumatisierung erleidet, geht kaum ein Weg an Unterstützung vorbei. Schämen Sie sich daher nicht professionelle oder auch familiäre Hilfe zu suchen und denken Sie viel eher an Ihre

Gesundheit. Keine Person der Welt hat das Recht Sie dermaßen auszulaugen, dass Sie kaum mehr Kraft und Zeit für sich finden.

Es ist in Ordnung, dass Gefühl zu haben, von sich selbst enttäuscht zu sein, aber inwiefern hilft es Ihnen, sich dermaßen herunterzuziehen?
Ob Sie nun in eine narzisstische Beziehung mit jemanden stecken oder eine Trennung hinter sich haben, macht für mich keinerlei Unterschied.
Was zählt, sind Ihre Gedanken und Gefühle:
Arbeiten diese für oder gegen Sie?

Falls Letzteres der Fall ist, wissen Sie, dass ihr Gedankengut dringend von Pessimismus „gereinigt" werden muss. In solch einer Situation kann ich Ihnen nur anraten „loszulassen". Lassen Sie endgültig von Dingen los, die Ihnen immer nur zur Last werden.

Schieben Sie Erinnerungen bewusst beiseite!

Beiseite schieben heißt nicht die Erinnerungen zu verdrängen, sondern diese lediglich zu akzeptieren und einzusehen, dass auch die schlimmen Ereignisse im Leben früher oder später kommen müssen. Denken Sie an die wundervollen Momente, für die Sie dankbar sind und akzeptieren Sie, dass Momente von einer Situation und nicht einer Person abhängig sind. Wenn die Umgebung und Stimmung passt, dann werden die Momente von Ihnen auch als „schön“ wahrgenommen.

Halten Sie also Ihre Krone aufrecht und sehen Sie Ihre Vergangenheit als abgeschlossen an. Abschließen fällt zwar sehr vielen Menschen schwer, ist aber definitiv möglich, wenn man von sich selbst überzeugend behaupten kann, dass die Vergangenheit lediglich eine Lebenslektion für einen gewesen ist. Wenn Sie mit der Vergangenheit abschließen, dann heißt das auch von jeglichen Schuldgefühlen und Ängsten loszulassen, in der Hoffnung sich freier zu fühlen.

Kapitel 6

Manipulationsstrategien eines Narzissten

Narzissten sind bekannt dafür, meisterhafte Leistungen beim Manipulieren zu erbringen. In anderen Worten: *Sie können es einfach.* Um sich vor der zerstörerischen Eigenschaft einer Manipulation zu schützen, werde ich Ihnen in diesem Kapitel die geheimen Tricks, die Narzissten geschickt anwenden, vor Augen führen. Nun sollten wir zuerst einmal verstehen, dass der Narzisst die Macht der Manipulation gänzlich für sich selbst nutzt, um einen Menschen zu schmeicheln oder auch zu erniedrigen. Dabei wechselt er geschickt seine Techniken; je nachdem in welcher Situation er sich befindet, entscheidet er instinktiv, welche Technik die richtige Variante ist, um sein Gegenüber unter seiner Kontrolle zu bekommen.

Die unwiderstehliche Charme mag beim Narzissten eine der harmlosesten Varianten der Manipulation sein, aber tatsächlich ist sie sehr beeinflussend, wenn man bedenkt, dass der Narzisst diese ausnutzt, um Unwahrheiten glaubhaft zu verbreiten.

Seine verführerische Eigenschaft spiegelt sich in seinen guten Manieren wider, die er nutzt, um Komplimente und Lobpreisungen für andere Menschen auszusprechen und den Menschen damit das Gefühl zu geben, dass sie von ihm geschätzt werden. Narzissten sind nicht nur geschickt darin, sich als charmant auszugeben, sondern auch gelernt darin, den Menschen etwas vorzuspielen. Deren Ambition ist es immer, Mitleid bei den Mitmenschen hervorzurufen, um deren Aufmerksamkeit ein für alle Mal auf sich zu lenken. Dies tun sie, indem sie den Menschen weiß machen, dass es ihnen mental sehr schlecht ergeht und im Notfall, sind sie sogar bereit, über angeblich ereignete Schicksalsschläge im Leben zu berichten.

Menschen, die über Leichen gehen, sind selbst schon gestorben. - Almut Adler

Wenn ein Mensch selbst sein Leid vorspielen und alles dafür tun würde, um die Aufmerksamkeit anderer Menschen auf sich zu ziehen, was mag er wohl von sich selbst in solch einem Moment denken?

Oder viel eher: *Versucht er damit seine innere Leere zu füllen?*

Viele Narzissten glauben tatsächlich, dass die Rolle des Leidenden eine sehr einfallsreiche Taktik ist, um Menschen an sich zu binden. Sie können die Rolle des „Opfers" nur zu gut einnehmen: Weinen, schluchzen und beleidigt sein; alles einfache Verhaltensmuster, die der Narzisst zu spielen weiß.

Wir, die von solch einem Narzissten manipuliert werden, sehen diese Beeinflussung nicht sofort, weil der Narzisst einfach exzellent im Schauspielern ist.

Merkt der Narzisst jedoch, dass wir nicht nach seinen Erwartungen, emotional zu reagieren, handeln, dann fängt er an mürrisch zu werden. Ihm ist bewusst, dass er nur noch durch Wut und Herumbrüllen etwas bei seinem Gegenüber bewirken kann. Der Narzisst scheint die völlige Kontrolle über sich selbst zu verlieren und wirkt ziemlich aggressiv. Wenn selbst das Herumschreien keine Wirkung beim Gegenüber erzielt, dann wirft der Narzisst mit lauten Vorwürfen um sich, um der Person regelrecht eine auszuwischen. Er fängt damit an die Person zu verspotten, sie vor anderen Menschen bloßzustellen, sie für Dinge zu beschuldigen, mit denen sie nie etwas zu tun hatte und sie sogar emotional zu erpressen. Dadurch erhofft sich der Narzisst, seine Überlegenheit und Macht zum Ausdruck zu bringen, weil er schließlich davon überzeugt ist, dass er die vollkommene Kontrolle über alles haben muss. Menschen, die in solch einer Beziehung stecken und von einem Narzissten missbraucht werden, wissen sich in einer derartigen Situation oft nicht zu helfen. Aus Angst und Verlegenheit verstummen sie und lassen die hasserfüllte Rede ihres Gegenübers einfach zu.

Wie sollten wir in so einer Situation nun am besten mit aggressiven Menschen umgehen?

Leichter gesagt als getan: Halten Sie Ihre Emotionen nicht zurück, denn sonst werden Sie all diese in sich hinein saugen, bis Sie es nicht mehr aushalten können und genauso aggressiv und rücksichtslos wie die Person vor Ihnen zurückschlagen. Verbale Aggression mag für den Narzissten eine effiziente Lösung sein, aber Ihnen sollte bewusst sein,
dass solch ein Verhalten Sie nirgendwo hinbringen wird. Wenn Sie sich einschüchtern lassen, dann wird es Sie härter treffen als erwartet. Bleiben Sie geduldig und schlagen Sie nicht zurück.

Handeln Sie stets nach dem „Wu Wei Prinzip“, welches nichts anderes sagt als: *Lass es geschehen. Schlage nicht zurück, sondern beobachte das Geschehen passiv.*

Wu Wei ist also viel mehr eine innere Haltung zum Leben, die Ihnen die klare Anweisung gibt, in die andere Richtung zu rennen, wenn Sie mit verbaler Aggression konfrontiert werden. Um es auf dem Punkt zu bringen: *Laufen Sie dem Hund nicht hinterher!*

Das Problem bei Narzissten ist vor allem die Tatsache, dass sie so weit gehen würden in Erwägung zu ziehen, Menschen zu mobben, stalken, sich an ihnen rächen oder sie anonym zu belästigen. Ihnen ist es völlig gleichgültig wie unangenehm die Situation für den „Feind“ sein mag. Am Ende zählt für Narzissten lediglich die Tatsache, dass sie die Person erfolgreich bloßstellen konnten und ihre Bestrafung vollzogen haben. Klingt ziemlich hinterhältig, jedoch sollten Sie hier wieder im Kopf behalten, dass vielen Betroffenen oftmals nicht ersichtlich wird, dass sie zu weit gehen, weil sie für sich keine Grenzen kennen.

So etwas wie Scham oder auch Schuldgefühle kennen Narzissten, die durch ihre Böswilligkeit geleitet werden, nicht. Solange sie mit ihrer Kaltherzigkeit das bekommen können, was sie für nötig halten, interessiert es ihnen nicht, was aus den Menschen in deren Umfeld wird. Das eigene Wohlbefinden wird folglich zu einer Tugend, die es zu pflegen gilt.

„Die meisten Menschen denken hauptsächlich über das nach, was die anderen Menschen über sie denken.“ - Sean Connery

Das Zitat von Sean Connery trifft tatsächlich sehr gut auf

Narzissten zu: Obwohl es ihnen völlig wurst ist, wie andere sich fühlen, wollen sie eine gewisse Anerkennung und Bewunderung in der Gesellschaft genießen. Wenn sie beides erfahren, dann fühlen sie sich unschlagbar und wollen ihre eigene Macht umso mehr zum Ausdruck bringen.
Dies hört sich für manch einer ziemlich absurd und krankhaft an, doch wenn wir uns umsehen, dann wird ersichtlich, dass viele Menschen unter dem Wahn, immer mehr zu wollen, im großen Ausmaß leiden.

Wenn die Macht der Liebe über die Liebe zur Macht siegt, wird die Welt Frieden finden. - Jimi Hendrix

Macht diente dem Menschen schon immer nur als Mittel zum Zweck, um sich durchzusetzen und die eigene Herrschaft und Stärke zum Ausdruck zu bringen. Menschen, die sich als Ziel setzten, Macht zu erlangen, nutzen verschiedene Machtmittel um dieses durchzusetzen.
Dies kann einerseits Wissen sein, dass man sich zusätzlich angeeignet hat oder auch ein höherer sozialer Status mit dem man letztendlich Einfluss auf die Menschen erlangen kann.
Ein Beispiel hierfür wären Präsidenten, die häufig lediglich wegen ihrem sozialen Status den Titel „Präsident“ tragen.

Um Narzissten, die mit einem aggressiven Verhalten auf einen einsprechen, zu beruhigen, ist es also nötig ihnen die

nötige Zeit zu geben sich etwas zu entspannen, um dann mit ihnen ein ruhiges Gespräch auf Augenhöhe führen zu können. Schaffen Sie Klarheit und fragen Sie nach, wenn Ihnen etwas nicht einleuchtend im Gespräch ist.
Überraschen Sie Ihren Gegenüber, indem Sie etwas tun, was er nicht erwartet hätte. Oftmals ist es nämlich so, dass der Narzisst bereits eine Vorstellung davon hat, wie sein Gegenüber auf das aggressive Verhalten reagieren wird. Tun Sie etwas Sinnloses oder zeigen Sie spontan aus dem Fenster, und sagen Sie einfach:„Siehst du das? Ein Vogel."
Mit etwas Humor und Ablenkung werden Sie ihn nicht nur verwirren, sondern seine Aggression hoffentlich etwas herunterschrauben können. Bleiben Sie immer höflich und sachlich und zeigen Sie keine Bereitschaft zur Abwehr. Dies tun sie nämlich, indem Sie der aggressiven Person den Rücken kehren oder sie komplett ignorieren.

Das große Problem mit Narzissten ist, dass sie einen mental völlig auslaugen können. Es dreht sich alles immer nur um die eine Person, die stolz darauf ist, im Mittelpunkt zu stehen und immer gerne auf die eigene Wertigkeit aufmerksam machen möchte. Was er Dir damit vermitteln möchte: Andere Menschen brauche mich genauso wie du es tust und das heißt in anderen Worten für Dich, dass ich der „Retter in Not", also der „Gute" unter den Räubern bin.
Und was deutet der Narzisst hier wieder an? Ganz klar: Ich

stehe über Dich, weil ich beliebt unter den Menschen bin.
Wenn Sie in einer Beziehung mit einem Narzissten sind, dann müssen Sie einsehen, dass Empathie ein Fremdwort unter ihnen sein wird. Gleichgültig in welchem Ausmaß Sie sich bemühen, kalte Herzen lassen sich ausnahmsweise nicht schmelzen. Die Grundlage einer Beziehung ist damit ein für alle Mal gebrochen.
Keine Empathie bedeutet für Sie weder Liebe noch Zuneigung und da können Sie jahrelang weiter hoffen, dass sich solch ein Narzisst ändern wird, doch er wird es einfach nicht.
Er hat eine komplett andere Perspektive vom Leben als Sie und wird sich auch nicht die Mühe machen diese zu ändern, denn das ist schlicht und ergreifend nicht möglich für ihn.

Ihnen muss bewusst werden, dass Narzissten nur den Mund öffnen, wenn es ihnen nützt.

Sie wollen mit ihm über irgendwelche Probleme sprechen? Nicht heute! Nicht morgen! Niemals!

Und so sind Narzissten nun einmal gestrickt, ob Sie das nun wahrhaben möchten oder nicht. Narzissten werden sich lediglich über Ihre Gefühle lustig machen, denn an Gefühle glauben sie nun einmal nicht. Humor scheint für Narzissten in solchen Momenten die beste Methode zu sein, um Probleme zu verdrängen.

Wenn Sie einen Narzissten lieben, dann sollten Sie sich wirklich einmal die Frage stellen:

Finden Sie es in Ordnung, wenn Ihr Partner ständig über Ihre Fehler nörgelt und damit deutlich macht, dass Sie nichts auf die Reihe bekommen können?

Finden Sie es in Ordnung, wenn Ihr Partner Ihre kleinen Rückschläge als beschämend deklariert?

Wie würden Sie sich in solch einem Moment fühlen?

Statt Sie mental aufzubauen, macht er Ihnen das Leben schwer und gibt Ihnen das Gefühl für nichts zunutze zu sein. Er manipuliert nicht nur Sie, sondern auch sich selbst, aber am härtesten trifft es selbstverständlich die Person, die unter den Einflüssen einer Manipulation leidet. Sie sind gefangen in einer Teufelsspirale, aus der Sie nur herauskommen können, wenn Ihnen die Manipulationstechniken eines Narzissten erkenntlich werden. Viel zu viele Menschen, die von einem Narzissten missbraucht wurden, berichten, dass es ihnen immer ganz schwerfiel, mit ihrem Partner zu reden.
Sie mussten immer ganz genau darauf achten, was sie in einer bestimmten Situation zu sagen hatten.

Meinen Sie, dass das ständige Aufpassen in Bezug auf eine passende Wortwahl Grundlage einer gesunden Beziehung ist?

Ich sehe hier lediglich eine Angst vor Ablehnung.
Sie entwickeln unbewusst eine Abhängigkeit vom Partner, indem Sie sich immer mehr auf seine Spielchen einlassen. Sie hoffen auf eine innere Zufriedenheit, bekommen stattdessen immer wieder eine Lektion erteilt. Das Bedürfnis Ihren Lebenspartner zufriedenzustellen bleibt bestehen. Sie merken es nicht, aber Ihre Abhängigkeit ist ein Indiz dafür, dass Sie alles dafür tun würden, um Lob von Ihrem Partner zu bekommen. Die Realität erscheint unscharf, wird zur Last und macht Sie mental krank, doch Sie bleiben weiterhin überzeugt davon, dass Sie Ihrem Partner etwas bedeuten.

Immer noch keine Liebe oder Zuneigung?

Dann sollten Sie dringend Ihre Koffer packen.
Hass, Eifersucht, Neid und Lügen haben nichts, rein gar nichts in Ihrem Leben zu suchen. Wenn Sie mit einem Narzissten zusammen leben, dann vergessen Sie es komplett mit Friede-Freude-Eierkuchen. Mit solch einem Partner werden Sie Ihre Erfolge niemals genießen können. Warum? Weil sie Ihrem Partner völlig schnuppe sind und er immer etwas findet, um Ihnen die Laune zu vermiesen. Tatsächlich

werden Narzissten schnell eifersüchtig, wenn Sie erfahren, dass andere Menschen im Leben erfolgreicher als sie selbst sind.
Sie werden alles dafür tun, Ihre Erfolge in ein schlechtes Licht zu rücken.

Wollen Sie jetzt immer noch mit einem „Nichts-Gönner" zusammen leben?

Ich denke nicht, aber das müssen Sie letztendlich selbst entscheiden.

Nun möchte ich Ihnen die letzte Methode der Manipulation vorstellen:
Gaslighting - Eine hinterhältige Technik, die Ihren Verstand komplett manipuliert. Diese Technik wird viel zu oft von Narzissten angewendet, um die Wahrheit zu leugnen. Der Narzisst behauptet etwas, leugnet dann am nächsten Tag etwas Bestimmtes gesagt oder auch getan zu haben. Wenn Sie sich wehren und behaupten es besser zu wissen, wird er Ihnen einreden, dass Sie sich alles nur einbilden würden. Wenn es darum geht überzeugend die Realität zu verdrehen, dann weiß ein Narzisst mit welchen Werkzeugen er zu hantieren hat.
Er wird nicht damit aufgeben Ihr Selbstbewusstsein nach und nach zu zerstören.

Ein Narzisst sieht seine eigenen Fehler nicht ein, wenn Sie ihn jedoch darauf aufmerksam machen, dann müssen Sie damit rechnen, seine Schuld teilen zu müssen.
Er wird seine eigene Schuld auf Sie projizieren, nur um sich dann besser zu fühlen.

Wenn Sie sich der Gehirnwäsche vollständig unterzogen haben, dann werden Sie sich schwertun seinen Fesseln zu entkommen und vielleicht Monate, Jahre oder gar ein Leben lang von Leid geplagt werden.

Schicksalsschläge lassen sich ertragen - sie kommen von außen, sind zufällig. Aber durch eigene Schuld leiden - das ist der Stachel des Lebens. - Oscar Wilde

Kapitel 7

Gespräche mit einem Narzissten führen

Ohne Kopfschmerzen mit einem Narzissten reden?
Das können Sie vollkommen vergessen. Eine Unterhaltung wird Ihnen sicherlich mehrere Gehirnzellen kosten, aber Mühe hat ja bekanntlich immer seinen Preis.
Deshalb: Nehmen Sie sich die Zeit und führen Sie eine gelassene Unterhaltung mit ihm.
Versuchen Sie mit der Kritik, die der Narzisst äußert, geschickt umzugehen. Wenn er Sie ständig unterbricht,
dann heißt das offensichtlich, dass er das Interesse am Gesprächsthema verloren hat. Fühlen Sie sich nicht beleidigt, stattdessen müssen Sie erkennen, dass es sinnlos ist, ihn von etwas zu überzeugen, was ihm missfällt, denn er wird letztendlich immer das tun, was er persönlich für „richtig" hält.
Sie müssen das einfach akzeptieren. Sie müssen akzeptieren, dass sich die Person vor Ihnen als Narzisst identifiziert. Einen Narzissten zu mögen ist die eine Sache, aber dessen Vertrauen

zu gewinnen und seine wahren Bedürfnisse zu erkennen, ist viel beschwerlicher als gedacht. Selbst wenn Sie glauben ihn gut zu kennen, ein Narzisst hat seine Geheimnisse, wie jeder andere Mensch auch.
Nur handelt es sich bei den Geheimnissen eines pathologischen Narzissten häufig um Lügen, die er niemals aufdecken würde. Selbstverständlich haben Narzissten auch aufrichtige Liebe und Aufmerksamkeit verdient, doch sich von einem Narzissten missbrauchen und verletzen zu lassen, kann einfach keine Grundlage einer Beziehung sein. Menschen, die mit einem narzisstischen Partner zusammenleben, müssen daher abwägen und überlegen, ob die Person es tatsächlich wert ist, für sie zu kämpfen.
Wenn Sie ohne Probleme mit den Vorwürfen und Lügen eines Narzissten umgehen können, dann ist es selbstverständlich Ihre Sache, ob Sie weiterhin mit einem Narzissten zusammen leben wollen oder nicht.
Da weder Frau noch Mann ständig erniedrigt werden möchte, vermute ich, dass die Mehrheit der Menschen sich früher oder später von solch einem narzisstischen Menschen trennen wird.
Eine komplett irrationale Entscheidung wäre hingegen, die Schuld bei sich selbst zu suchen und das eigene Verhalten aufgrund der bestehenden Beziehungsprobleme zu kritisieren.
Wenn Sie die Beziehung mit einem Narzissten wirklich nicht aufgeben wollen, dann sollten Sie sich zumindest die Mühe

geben klare Grenzen zu setzen und diese dem Narzissten deutlich vor Augen zu führen. Unterschätzen Sie außerdem nicht Ihre Körpersprache, denn Sie sagt tatsächlich viel mehr aus als Sie zu glauben wissen.
Achten Sie auf eine ruhige Atmung und verhalten Sie sich so gut wie möglich selbstbewusst, wenn Sie eine Unterhaltung mit einem Narzissten führen. Wenn die Situation zu eskalieren droht, dann sollten Sie nicht loslassen. Zeigen Sie, dass Sie eine selbstbewusste Person sind, die imstande ist, gelassen und verständnisvoll auf die Kritik Ihres Partners einzugehen. Wie zuvor bereits angesprochen ist Lob für Narzissten einfach essenziell, genauso wie Wasser zum Trinken für jeden anderen Menschen auch.

Daher: Wenn Sie wirklich der Meinung sind, dass der Narzisst es verdient hat von Ihnen gelobt zu werden, dann zögern Sie nicht! Wenn es keine Liebe ist, die der Narzisst von Ihnen entgegennehmen möchte, dann zumindest ein positives Feedback. Auch Mitleid kann Ihnen dabei helfen hinter der Fassade eines Narzissten zu blicken. Ein wenig Empathie wird Ihnen dabei helfen den Narzissten besser zu verstehen und zu erkennen, dass sich hinter dem Trugbild tatsächlich eine ziemlich verletzliche Person versteckt.

Zu guter Letzt kann ich Ihnen nur dazu raten einem Narzissten aufmerksam zuzuhören, denn häufig möchte er

lediglich eine Unterhaltung führen, um einfach mal mit Ihnen zu reden und Ihre Aufmerksamkeit zu bekommen. Wenn Sie ihm aufmerksam zuhören ist die Wahrscheinlichkeit viel geringer, dass es zu einem Konflikt zwischen ihnen kommen könnte. Widersprechen Sie ihm nicht zu oft und nicken oder lächeln Sie einfach, wenn Sie den Drang verspüren ihm immer wieder ins Wort fallen zu müssen.
Kurzfristig können Sie damit Narzissten damit unter Kontrolle bekommen; wenn Sie mit einem Narzissten zusammenleben, wird Ihnen dieser Rat wahrscheinlich nicht wirklich viel helfen.

Machen Sie sich in einer Beziehung nicht zum Sklaven des Partners! Wenn Ihnen eine Situation nicht passt, dann sagen Sie es auch. Es ist einfach nicht gesund, immer die Person zu sein, die alles akzeptieren und die Lasten der Beziehung auf den Schultern tragen muss. Wenn Sie eine Last verspüren, dann sollte Ihnen bewusst sein, dass Sie früher oder später nicht mehr imstande sein werden diese zu halten.

Beziehungen zerbrechen aus zahlreichen Gründen wie beispielsweise aufgrund einer fehlenden Kommunikation und Gesprächsbereitschaft, Konflikten, Missverständnissen,
Lügen, Ängste, Neid und Eifersucht. Das ist tatsächlich nur die Kirsche auf der Sahnetorte, aber uns allen ist bewusst, dass auch Beziehungen, in denen es keinen Narzissten gibt,

genauso gut zerbrechen können wie Beziehungen mit einem Narzissten. Die Trennungsschmerzen sind immer vorhanden, vor allem dann, wenn man die glücklichen Momente mit der Person reflektiert.

Man sehnt sich plötzlich nach den „schönen“ Momenten mit dieser bestimmten Person oder wünscht sich eine andere Person, die solche Momente für einen „schaffen“ kann.

Gäbe es diese Momente nicht, dann würden einem nur noch die schlechten Erinnerungen übrig bleiben.

Statt Trennungsschmerz wäre es wohl eher Erleichterung, die wir mit einer Trennung assoziieren würden.

Eine Partnerschaft basiert nun einmal auf Liebe und daher können wir alle nicht leugnen, dass eine Trennung ziemlich schwer überwindbar sein kann.

Es gibt immer Menschen, die krampfhaft versuchen einen davon zu überzeugen, dass eine Trennung eigentlich ganz gut zu überwinden ist, aber die Erinnerungen an dem Partner machen es unmöglich solchen Menschen Glauben zu schenken. Um die bestehende Leere in uns zu füllen, suchen wir uns entweder einen anderen Partner oder ziehen uns komplett von der Gesellschaft zurück. Wenn Sie jedoch Kinder haben, dann mag es zwar umso schwerer sein eine Trennung zu verkraften, aber immerhin sind Sie dann nicht alleine und haben Ihre Kinder, die Ihnen etwas Trost spenden.

Das Gefühl jemanden zu brauchen, macht uns nicht nur

abhängig von anderen Menschen, sondern auch psychisch krank.
Wenn wir uns auf die Evolutionstheorie beziehen, dann kann jeder ganz klar von sich behaupten: Der Mensch braucht jemanden an seiner Seite.

Brauchen wir tatsächlich einen Partner an der Seite, um uns besser zu fühlen?

Zeigt der Drang nach einer Beziehung nicht, dass wir viel zu abhängig von anderen Menschen sind und viel zu wenig Selbstbewusstsein besitzen?

Tatsächlich brauchen Sie keine Person, die Ihnen sagt wie wundervoll und einzigartig Sie sind. Das sollten Sie bereits selbst zu schätzen wissen!

Wenn wir keine Selbstliebe empfinden, von wo kommt dann die Bereitschaft Andere lieben zu wollen?

Man möchte geliebt werden, ist aber nicht imstande sich selbst zu lieben.
- *Ist das nicht paradox?*

Anstatt die Person zu lieben, in der wir 24 Stunden am Tag stecken, versuchen wir verzweifelt und hartnäckig anderen

Menschen zu gefallen.
Genau das ist das eigentliche Problem, wenn Sie mit einem Narzissten zusammen leben: Sie versuchen alles zu tun, damit Sie von dieser einen bestimmten Person eine Bestätigung Ihrer Selbst bekommen. Wenn Sie dann schlussendlich merken, dass Sie schon wieder eine „Enttäuschung“ für sie waren, dann ist das mal wieder Ihre Schuld. Davon sind Sie zumindest innig überzeugt! Sich jedes Mal für etwas rechtfertigen zu müssen, wird Ihnen nur Ihre komplette Energie rauben.
Wenn Sie narzisstische Eltern haben sollten, dann wissen Sie nur zu gut, wie anstrengend es ist überhaupt einmal zu Wort zu kommen.

Goethe liegt also nicht falsch, wenn er sagt:
„Man könnt' erzogene Kinder gebären, wenn die Eltern erzogen wären.“

Kapitel 8

Emotionale Abhängigkeit überwinden

„Es ist keine Liebe, wenn man mehr traurig als glücklich ist...sondern Abhängigkeit.“

Um die emotionale Abhängigkeit verstehen zu können, sollten Sie wissen, dass jeder Mensch eine andere Verhaltensweise bezüglich Beziehungen aufweist.

Es gibt sowohl Menschen, die bei Beziehungen entweder dazu neigen, sicher zu sein oder eher ein ängstliches, vielleicht auch vermeidendes Verhalten an den Tag legen. Tatsächlich hängt unser Verhalten größtenteils von den Prägungen unserer Kindheit ab.

Umso leichter wir uns in der Vergangenheit damit taten Beziehungen einzugehen und diese aufrechtzuerhalten, desto leichter fällt es uns auch auf eine Partnerschaft einzugehen.

Menschen, die in ihrer Kindheit viel Angst und Leid erlitten haben, zeigen dies auch in ihrem Beziehungsverhalten, welches überwiegend von Unsicherheit geprägt ist.

Emotionale Abhängigkeit muss nicht immer schlecht sein, im Gegenteil, eine positive Abhängigkeit, die die Beziehung stabilisiert, kann einem dabei helfen, eine gesunde Bindung zum Partner aufzubauen.
Ein gesundes Geben und Nehmen, heißt nämlich auch, dass beide Partner nicht das Gefühl haben, durch die andere Person eingeschränkt zu werden.
Es herrscht somit ein gesundes Gleichgewicht zwischen Privatsphäre und gemeinsamer Zeit.

Leider kommt es aber häufig auch zum gegenteiligen Ausgang:
Das Paar lässt sich kaum Freiraum und fühlt sich zu sehr voneinander abhängig.
Es kommt zur negativen Abhängigkeit, wo sich beide Partner nur noch schaden und sich zur Last fallen.
Diese Abhängigkeit führt häufig dazu, dass es zu zahlreichen Konflikten in der Beziehung kommt und beide das Gefühl entwickeln, sich gegenseitig kontrollieren zu müssen. Eifersucht und Neid sind in solch einer Beziehung keine Seltenheit.

Es geht am Ende immer darum die gesunde Mitte zu finden und das heißt selbstverständlich auch klare Grenzen in der Beziehung zu setzen, um emotionale und psychische Schäden zu vermeiden. Für manch einer mag es schwer sein, aber letztendlich basiert eine positive Abhängigkeit auf Vertrauen und Geduld. Wenn Sie sich gegenseitig vertrauen, dann neigen Sie logischerweise auch nicht dazu, Ihren Partner rund um die Uhr kontrollieren zu wollen, aus Angst, dass er sich vielleicht eine andere Person anstelle von Ihnen sucht und Sie wortlos verlässt. Wenn Sie mit solch einer Angst leben, dann heißt es wohl auch, dass sie mit großer Wahrscheinlichkeit ziemlich eifersüchtig und anhänglich sind.

Nehmen Sie mir diese Worte nicht übel, falls sie sich betroffen fühlen, denn solch ein Verhalten lässt sich eigentlich ganz gut in den Griff bekommen, wenn einem erkenntlich wird, wie man mit Verlustängsten umzugehen hat. An erster Stelle kann ich Ihnen ganz klar die Kommunikation mit Ihrem Partner ans Herz legen. Wenn Sie das Bedürfnis haben Ihrem Partner etwas zu erzählen, um Ihre Schultern zu entlasten, dann zögern Sie nicht lange! Vielleicht ist es genau diese Angst, die Ihnen das Gefühl gibt, dass Ihr Partner Sie verlassen könnte.

Machen Sie ihm daher deutlich wie es Ihnen ergeht und zeigen Sie die Bereitschaft sich zu ändern. Wenn Sie dazu neigen eifersüchtig zu werden, dann sollte Sie es am besten auch Ihrem Partner zu wissen geben.

Erklären Sie ihm, dass Sie seine Unterstützung brauchen, um diese Verlustängste schlussendlich zu überwinden. Wenn Ihr Partner Sie wirklich liebt, dann wird er Verständnis zeigen.

Bei einem Narzissten ist das natürlich ganz und gar nicht leicht. Dennoch: Aufgeben ist nie eine Option! In dem Moment, wo Sie sich öffnen, werden Sie erst merken, wie viel Sie anderen Menschen tatsächlich bedeuten, denn das stellt sich dann ziemlich schnell heraus. Das sollte Sie daher umso mehr dazu motivieren, die Unterhaltung mit Ihrem Partner zu suchen.
Um eine positive emotionale Abhängigkeit zu entwickeln, sollten Sie sich auch Zeit für sich selbst nehmen. Wenn Sie realisieren, was für eine wichtige Rolle Sie in der Beziehung spielen, dann wird Ihnen Ihr Wert umso ersichtlicher.

Erkennen Sie Ihren eigenen Wert und stärken Sie damit Ihr Selbstbewusstsein!

Heutzutage ist es durch die sozialen Medien nämlich ganz üblich geworden, dass man sein Selbstbewusstsein durch deren Einfluss leider schnell verlieren kann.
Daher: Suchen Sie Abstand von sozialen Medien und verzichten Sie darauf, sich ständig mit anderen Menschen zu vergleichen, denn schließlich geht es in der Beziehung letztendlich nur um Sie und Ihren Partner. Wenn Sie sich nun vornehmen von der negativen Abhängigkeit loszulassen, dann sollten Sie unbedingt an Ihrem positiven Denken arbeiten und sich als Ziel setzen, negative Gedanken wie etwa Eifersucht einfach beiseite zu schieben.

Sie werden schnell merken, wie solch ein Verhalten Ihre Lebenseinstellung zum Positiven hin verändern kann.

Manch einer stellt sich jetzt wahrscheinlich die Frage: *Von wo kommt eigentlich diese Angst, verlassen zu werden?*

Das ist nicht nur eine ziemlich gute, sondern auch eine wirklich komplexe Frage. In erster Linie können kindliche Erfahrungen des Verlassenwerdens zu solch einer Angst beitragen.
Im Kindesalter hat das Kind den Eltern bedingungslos vertraut, wurde dann aber von ihnen enttäuscht, indem diese ihn verlassen haben.
In anderen Worten: Das Kind trägt schwere Wunden, weil die Eltern dessen Vertrauen für sich missbraucht haben. Diese Schäden kann das Kind nicht wie erhofft verarbeiten. Sie werden zu Narben, die auch im Erwachsenenalter bestehen bleiben.

Es muss aber nicht immer so sein, dass die schwere Kindheit den Verlustängsten verschuldet ist.
Tatsächlich ist Angst auch vererbbar. Wenn wir zurück auf die Steinzeit blicken, dann konnte ein Überleben nur durch den Zusammenhalt der Familie ermöglicht werden.
Hat sich jedoch eine Person dazu entschieden, sich von der Familie loszulösen und entschlossen alleine zu leben, musste

diese üblicherweise ihren eigenen Tod in Kauf nehmen. Früher war die Angst verlassen zu werden nichts anderes als die Angst vor dem Tod. Diese Angst haben viele Menschen teilweise vererbt, obwohl das den meisten gar nicht wirklich bewusst ist.

Solch eine Angst können wir demzufolge nur verarbeiten, wenn wir die Angst des Verlusts bewusst aus uns nehmen. Wenn die Angst nun aus der Kindheit kommt, dann sollten wir zum inneren Kind sprechen und ihm sagen, dass es in guten Händen liegt. Stellen Sie sich einfach vor,
Sie besuchen Ihr jüngeres Ich und sprechen mit ihm.

Was würden Sie diesem Kind sagen?
Dass es sich keine Sorgen zu machen braucht?
Dass es nicht alleine ist?
Oder vielmehr:
Dass in Zukunft alles deutlich besser sein wird?

Wenn Sie sich bewusst mit Ihrer Kindheit auseinandersetzen, dann wird es Ihnen sicherlich auch leichter fallen mit Ihren Ängsten umzugehen.

Und zu guter Letzt: Wenn Sie tatsächlich Hinweise in der Beziehung sehen, die darauf hindeuten, dass Ihr Partner Sie verlassen könnte, dann ist Ihre Angst sogar zum Teil berechtigt. Wenn Sie jedoch lediglich eine Angst, verlassen zu werden, ohne jegliche Gründe zum Zweifeln an der Beziehung verspüren, dann sollten Sie sich in der Tat einmal mit sich selbst auseinandersetzen und die Tipps, die ich Ihnen zuvor gegeben habe, umsetzen.

Kapitel 9

Liebe ohne Vertrauen

„Warum habe ich ihm nur vertraut?"

Das war die Frage, die mir während meiner prägenden und lehrreichen Beziehung am meisten durch den Kopf ging. Durchaus eine berechtigte Frage, die sich ohne Komplikationen beantworten lässt:
Du hast ihm aufrichtig vertraut, weil du davon ausgegangen bist, dass er eine „fantastische" Person ist, mit der eigentlich so gar nichts schief laufen kann. Die Realität musste dich dann „ganz" unerwartet enttäuschen, was du natürlich nicht hervorsehen und verkraften konntest.
Das Problem ist nicht, dass wir viel zu optimistisch in Bezug auf Beziehungen sind, sondern einfach viel zu wenig über die Person, die uns offensichtlich sehr liebt, wissen, obwohl wir meinen sie gut genug zu kennen.

Wenn Sie überzeugt davon sind, eine Person nach 30 Jahren Freundschaft sehr gut zu kennen, dann spricht die Jahreszahl für sich!
Die meisten Menschen werden erstaunt sein und sich fragen: *Halten Freundschaften überhaupt so lange?*
30 Jahre sagen eindeutig aus, dass sich zwei Menschen aufrichtig zu schätzen wissen.

Sind Sie nun tatsächlich, nach gründlichem Überlegen, davon überzeugt, dass die Anzahl der Jahre aussagekräftig genug ist, um schlussfolgern zu können, wie gut sich zwei Menschen kennen?

Oder spielt viel mehr die Zeit, die sie gemeinsam verbracht haben, eine relevantere Rolle?

Ich würde auf Letzteres tippen, aber selbst diese Antwort würde mich nicht komplett zufrieden stellen. Zwei Menschen können tagtäglich Zeit miteinander verbringen und sich dennoch ziemlich fremd sein. Auf einem Date treffen sich zwei potenzielle Partner und lernen sich Wochen, Monate oder gar Jahre lang kennen und dennoch wird keiner glaubwürdig behaupten können, dass er die Person vor ihnen nun innen und auswendig kennt. Das ist schlicht und ergreifend unmöglich und tatsächlich auch gut so, denn das macht eine Partnerschaft schließlich auch aus:

Neues voneinander zu lernen und sich irgendwo auch zu ergänzen.

Doch was heißt „jemanden kennen" in Bezug auf einer Beziehung nun?

Kennen impliziert hier nicht nur zu wissen wie eine Person tickt, sondern ihre Gedankenwelt zu erfassen und die Absichten hinter der von uns geliebten Person zu erkennen. Eigene Absichten können von Mensch zu Mensch glaubhaft vermittelt werden, wie beispielsweise durch körperliche Annäherung.
Was damit gemeint ist, verstehen wir ohne Probleme.
Das alleine reicht für die meisten Menschen bereits aus, um sich letztendlich blind in eine Beziehung zu stürzen.

„Ich habe meinen Lebenspartner gefunden."
- Herzlichen Glückwunsch! *Und jetzt heißt es abwarten und Tee schlürfen.*

Selbstverständlich gilt das nicht für jede Beziehung, dennoch, vielen Menschen ist garnicht erst bewusst, dass sie etwas zu voreilig mit ihren Entscheidungen sind. Gemäß ihrem Willen wollen sie immer alles „sofort" in ihrem Besitz erlangen.
Anders gesagt: Sie sind hinter etwas her wie der Teufel hinter der armen Seele. Dies gilt auch bei Konflikten; Paare neigen

nämlich dazu, bei Streitigkeiten immer zu voreilig mit dem Gesagten zu sein.

Sie möchten ihre eigene Meinung durchsetzten, sind aber nicht bereit die Standpunkte Ihres Partners nachzuvollziehen? Dann ist die Wahrscheinlichkeit ziemlich hoch, dass ihre Beziehung womöglich aufgrund von Missverständnissen bzw. zu voreiligen Schlüssen scheitern wird. Dies gilt vor allem für Beziehungen mit einem narzisstischen Partner, wobei auch beide Partner von Grund auf narzisstisch sein können. Das Interessante hierbei ist, dass Narzissten bei Konflikten immer die Rolle eines „Beziehungsboykottierers“ einnehmen, was grundsätzlich aussagt, dass sie den Konfliktpartner mit Taten und Worten impulsiv verwunden aus Angst vor Zurückweisung und Verletzung. Der Narzisst glaubt in dem Fall, dass es besser ist den Partner zu versehren bevor er selbst verletzt werden kann. Diese Einstellung mag für den ein oder anderen rücksichtslos sein;
nichtsdestotrotz ist solch eine Verhaltensweise nicht nur für einen Narzissten üblich, sondern durchaus auch möglich bei einem Paar, bei dem es keinen Narzissten im eigentlichen Sinne gibt.

„Nichts ist so gut, wie es vorher zu sein scheint.“

Eine narzisstische Beziehung sieht normalerweise wie folgt aus: Zwei potenzielle Partner mit einem verletzten Selbst treffen sich und hoffen voneinander Heilung zu erfahren.
Die Absicht des narzisstischen Partners ist es einen eigenen Mangel auszugleichen, indem er sich eine für ihn „richtige“ Person herauspickt. Von vornherein ist also klar, dass es dem Partner lediglich darum geht das Gefühl zu bekommen, bewundert, geschätzt und geheilt zu werden. Problematisch hierbei ist seine falsche Absicht hinsichtlich der Beziehung: Er lässt sich nicht richtig auf die Partnerschaft ein und vernachlässigt hierbei eine wichtige Bedingung für eine funktionierende Beziehung: „Liebe und Zärtlichkeit“.

Tatsächlich sind viele Narzissten auch der Ansicht, dass sie einen Menschen an ihrer Seite brauchen, um die tiefen Wunden der Vergangenheit zu heilen. Wenn Narzissten jedoch einen Partner haben, der ihnen mit seinen Worten zu Nahe geht, dann suchen sie häufig Abstand von ihm oder versuchen vom eigentlichen Gesprächsthema abzulenken. Laut Forschern einer Universität in Korea hätten narzisstische Menschen sogar eine Art Schutzmechanismus in sich verinnerlicht, was robust genug ist, um allerlei Informationen abzuwenden, die einen schaden und dessen Selbstbild verschlechtern könnten.
Wenn ein Narzisst etwas jedoch zu persönlich nimmt und sich dafür rächen möchte, dann entscheidet er sich nicht selten

dafür, auf ein langfristiges Schweigen zu bestehen. Er schweigt, weil er gekränkt ist und sich in seiner Würde verletzt fühlt.
Das Komplizierte an Narzissten mag die Tatsache sein, dass sie sich viel zu schnell herabwürdigen lassen.
Selbst kleine Späße kann ein Narzisst viel zu persönlich nehmen. Der Narzisst nimmt einfach viel zu viel ernst, was nicht unbedingt schlecht sein muss, aber definitiv eine Gefährdung für eine Beziehung darstellt.
Die Schmerzen wird er aber nicht auf sich sitzen lassen und dafür Sorgen, dass Sie das Gleiche wie er zu spüren bekommen. Selbst wenn Sie der Ansicht sind, dass Sie sehr gelassen sind und gut mit Kritik umgehen können, wird der Narzisst handeln und alles dafür geben, damit Sie sich genauso fühlen wie er sich fühlt. Dem Narzissten ist bewusst wie schmerzhaft ein einfaches Schweigen als Strafe für den Ehepartner doch sein kann, weshalb er diese Methode gerne zu seinen Gunsten anwendet. Da ihm bewusst ist, dass Sie ohne ihn nicht leben können, nutzt er die Gelegenheit aus, um Ihnen dies umso mehr zu verdeutlichen. Sie sollen sich nach ihm sehnen und spüren, wie sehr Sie ihren narzisstischen Partner doch brauchen.
Sie als Beziehungspartner sind völlig überfordert mit dem Verhalten Ihres narzisstischen Partners und fiebern nach Frieden. Das Einzige wofür Sie nun kämpfen wollen, ist nicht

mehr die eigene Meinung durchzusetzen, sondern ihn lediglich zum Sprechen zu bringen.

Doch wie funktioniert das jetzt genau?

Viele wählen leider immer wieder die falsche Methode: Sie gehen zu ihrem Partner und entschuldigen sich mehrmals bei ihm. Ein Narzisst wird in solch einer Situation nicht nachgeben. Er wird weiterhin stur bleiben, komme was wolle. Sie, hingegen, würde alles dafür tun, damit ihr Partner wieder mit Ihnen spricht, weshalb Sie weiterhin hartnäckig für ihn kämpfen und ihnen anflehen, in der Hoffnung, dass er endlich etwas sagt. Der Narzisst wartet aber, nimmt sich die Zeit bis er schließlich erreicht, was er sich als Ziel gesetzt hat: Leid. Wenn Sie es so weit angehen lassen und schließlich weinend vor ihm stehen, wird er dennoch nicht nachgeben. Es wird Ihnen nichts nutzen, denn schließlich möchte er genau das, nämlich Ihnen zeigen wie „wichtig“ er doch ist. Zu guter Letzt wird er aus dem Nichts zu Ihnen sagen: „Okay, ich bin bereit dir noch eine einzige Chance zu geben.“

Eine Chance? Was denkt er sich dabei?

Anstatt sich die Frage zu stellen, ob er nicht mehr alle Tassen im Schrank hat, werden Sie nicken und ihm für seine Verzeihung und Aufmerksamkeit danken. Ihre Verzweiflung nimmt Ihnen offensichtlich mehr oder weniger die klare Sicht für die Realität, weshalb Sie schon gar nicht mehr auf seine Wortwahl achten. Die Tatsache, dass er Ihnen eine „Chance" geben möchte, zeigt ganz offensichtlich, dass er sich Ihnen gegenüber überlegen fühlt. Das Gefühl der Überlegenheit ist wie eine Energiekapsel, die Ihre Stimmung aufhellt. Der Narzisst fühlt sich besser wie schon lange nicht mehr, während er es genießt, dass Sie ihm hinterherrennen und an ihm hängen.

Sollten Sie Ihrer Beziehung in solch einer Situation überhaupt noch eine Chance geben?

Die richtige Antwort lautet: Nein und ja.
Wenn Sie bemerken, dass Ihr Beziehungspartner am Anfang der Partnerschaft eine „komplett" andere Person zu sein schien und Sie nun von ihm enttäuscht sind, dann rate ich Ihnen ganz klar dazu, der Beziehung keine zweite Chance zu geben. Nicht, weil ich denke, dass Sie zukünftig nicht imstande sein werden eine einigermaßen harmonische Beziehung zu führen, sondern weil ich der Ansicht bin, dass eine zweite Chance, die vonseiten des Narzissten kommt, ziemlich fragwürdig ist. Wenn Sie beide eine schlechte Phase durchgemacht haben und sich normalerweise gut verstehen, dann spricht nichts gegen eine zweite Chance. Ist es jedoch der Fall, dass Sie von Ihrem Partner ständig verbal verletzt

werden, dann kann ich Ihnen garantieren, dass eine Trennung Ihnen das Leben um ein Vielfaches erleichtern wird.

Ich persönlich hatte in der Beziehung mit meinem Ex immer das Gefühl, dass eine Trennung das Beste für uns beide ist, aber unseren Kindern womöglich Schaden könnte.
Deswegen habe ich festgehalten bis zum Gehtnichtmehr und mir jeden Blödsinn von meinem Mann angehört, während ich seine Drohungen immer ziemlich gut verstand.
„Wenn du dich trennen willst, dann werde ich den Kindern sagen, dass du das für dich entschieden hast. Ich liebe meine Kinder und werde bei denen bleiben, das kann ich dir versprechen!"

Es waren die leeren Versprechen von ihm, die ich als Mutter wahrhaben wollte, aber die Realität hatte mir gezeigt, dass selbst Kinder bei einem Narzissten als Mittel zum Zweck genutzt werden. Für die Menschen, die die Situation von außen betrachten, sieht es dann häufig ganz so aus, als hätte mein Mann die tollste Seele und das größte Herz auf Erden.
Wenn einem in solch einer Situation nicht der Spaß vergeht, dann weiß ich auch nicht weiter. Ich habe mich von meinem eigenen Mann ausgenutzt gefühlt. Jahrelang habe ich seine Manipulation nie erkannt, aber als er dann immer wieder unsere Kinder mit einbezog, habe ich ganz klar erkennen können, dass er viel zu Ich-bezogen war.

Ich kann das nie genug sagen:
Unterschätzen Sie keine Narzissten!

Kapitel 10

Trennung, Verlust und Liebeskummer: „Ich mache Schluss“

Den großen Schritt wagen und Schluss machen - Klingt alles ziemlich einfach, aber war selbstverständlich alles andere als ein Zuckerschlecken für mich. Als ich realisiert habe, dass ich es nicht mehr mit meinem Mann mehr aushalten konnte, wollte ich einfach aus der Bildfläche verschwinden. Die Vorstellung mich endgültig von ihm zu lösen machte mir Angst, aber tief in mir drinnen wusste ich, dass ich eine rationale Entscheidung treffen würde.

Ich schaute meinen Mann an, blickte ihm ganz tief in die grünen Augen.
„Zwischen uns beiden ist es aus.“
Völlig verwirrt musterte er mich daraufhin. „Was meinst du?“
Er wirkte ziemlich ahnungslos und irgendwie tat er mir kurz Leid.
„Ich will Schluss machen.“, versuchte ich es vorsichtig ein

zweites Mal.
„Sag so etwas nicht. Sag mir, dass das gerade nicht dein ernst ist."
Er seufzte laut. „Bleib. Bei mir. Ich will dich und…"
„Was willst du? Du willst dich ganz alleine, weder mich noch die Kinder. Komm mir nicht mit deinen typischen Ausreden an. Ich habe das Gefühl, dass ich nur ein Mittel zum Zweck für dich geworden bin. Jahrelang habe ich mir eingeredet, dass Männer immer mal ihre schlechten Tage haben, aber bei dir scheinen sie nicht aufzuhören." Ich schluckte, versuchte die Wunden nicht wieder bluten zu lassen. *Es tat alles einfach sehr weh.*
„Ich bitte dich. Was werden die Kinder wohl von dir denken, wenn du jetzt sowas abziehst? Sag mir was du willst? Ich gebe dir alles, aber bitte höre endlich mit dem Drama hier auf. Zwischen uns ist alles in bester Ordnung…"
Verzweifelt legte ich mir die Hand auf meinem Bauch.
Mir war schlecht. Schlecht von den Lügen, die ich mir schon wieder anhören musste.
„Deine Versprechen kommen leider viel zu spät…Ich kann einfach nicht mehr. Du hast dich nie wirklich für mich interessiert, nie etwas für mich getan und mir nie die Zuneigung geschenkt, die ich verdient hätte. Es tut mir leid, aber…"
Bevor ich überhaupt zu Ende sprechen konnte, schlug mein Mann erzürnt gegen die Wand.

„Soll ich dir mal sagen, was mein Problem ist? Du warst immer mein Problem und diese Tatsache alleine war Grund genug für mich, um mich dir gegenüber abwesend und gereizt zu verhalten. Durch dich bin ich die Person geworden, die du heute nicht mehr zu lieben weißt. Ich interessiere mich für die Kinder und das tust du ganz offensichtlich nicht. Ich habe meine Zeit für dich geopfert! Erinnerst du dich, als ich dir vorgestern noch leckere Nudeln gekocht habe? Undankbar bist du!“
Gereizt knallte er die Tür zu, während ich völlig überfordert war und mit meinen Tränen zu kämpfen hatte. Die Angst für immer gefangen zu sein, machte es mir schwer ruhig zu schlafen.
Ich wusste, dass ich das Richtige getan hatte, doch die Zweifel wollten sich nicht von mir loslösen.

Hat er vielleicht doch recht gehabt?
War ich meinen Kindern gegenüber rücksichtslos?
Bin ich es überhaupt noch wert geliebt zu werden?

Obwohl ich ständig nachdachte, grübelte und nach einer Lösung suchte, wusste ich, dass ich die Lösung schon längst gefunden hatte. Das endgültige Abschließen mit ihm war jedoch schwerer als erhofft. Er wusste wie und mit welchen Mitteln, er mich gezielt manipulieren konnte und das waren in erster Linie unsere Kinder gewesen.

Heute weiß ich, dass ich trotz des Dramas, Unmengen von Tränen und Nervenzusammenbrüchen letztendlich die richtige Entscheidung getroffen habe.
Viel zu oft hatte er mich angelogen, mir erzählt er nehme Tabletten, weil es ihm mental nicht gut ergehen würde und immer wieder machte er Andeutungen, dass ich etwas damit zu tun haben könnte.
Er hat es so weit mit seinem rücksichtslosen Verhalten getrieben, bis er eines Tages aus dem Nichts von sich behauptete, dass er von einer ernsthaften Krebserkrankung betroffen sei. Schockiert wandte ich mich zu ihm und lauschte seinen Worten. Er erzählte mir zwei Stunden lang von dem Gespräch mit Dr. Lindsen und seiner Diagnose. Als ich dann eine Woche später, aus Angst, aber auch Unsicherheit zur Ärztin ging, hieß es, dass es solch eine Unterhaltung zwischen meinem Mann und der Ärztin nie gegeben hätte.

Wie ich mich dabei gefühlt habe? Mies. Einfach nur mies und verletzt.

Genau das sind Narzissten: Menschen, die Profis darin sind, andere Menschen zu belügen und ihnen leere Versprechen zu geben, um sie letztendlich zu manipulieren und an sich zu binden. Sie erinnern dich an jede Kleinigkeit, die sie für dich getan haben, seien es nun irgendwelche Nudeln,
die gekocht wurden oder die Wäsche, die ganz schnell in die

Waschmaschine geworfen wurde.
Kleine Dinge, die als selbstverständlich für manch einer in der Beziehung oder auch Ehe gelten, sind für narzisstische Menschen große Dinge, denen eine immense Bedeutung zugeschrieben werden sollte.
Alles, was noch so klein erscheint, wird plötzlich als besonders sehenswert dargestellt. In Realität möchte der Narzisst nichts anderes als Lob ernten.
Er fordert Komplimente ein, um sich in seiner Haut besser zu fühlen und bei anderen den Eindruck zu erwecken, dass er von Grund auf „gut“ sei.
Mithilfe der eigenen Arroganz wickelt der Narzisst sein „Opfer“ um den kleinen Finger und führt ihm seine eigene Überlegenheit vor Augen, um dem Gegenüber das Gefühl zu geben unbedeutender als man selbst zu sein.
Und wenn Sie sich schließlich von ihm trennen, dann ist er dennoch davon überzeugt, dass dies nicht ihm verschuldet ist. Er schiebt Ihnen die Schuld für die Trennung zu und denkt, dass er die Entscheidung früher oder später hätte treffen müssen, weil er es grundsätzlich nicht toleriert von jemanden in solch einer Art und Weise gedemütigt zu werden.

Der Narzisst ist nicht imstande zu verstehen, warum man ihn versetzt oder ihn verlässt. Er kann einfach nicht erkennen, was dem Gegenüber gerade gedanklich durch den Kopf geht und was dieser alles durchmachen muss. Da ihm die

Empathie fehlt, fühlt er sich in seinem Ego verletzt und kann aufgrund seines niedrigen Selbstwertgefühls schwer mit der Situation umgehen.
Emotionslos beendet auch er die Beziehung mit Ihnen, was nicht heißt, dass er nicht selbst unter dem Abschied leidet. Er wird darunter leiden, aber anders als Sie es tun, denn bei ihm ist es sein Ego, was unter der Trennung leidet.
Sie werden das vermutlich nicht verstehen können und das brauchen Sie auch nicht, denn Narzissten sind nun einmal so gestrickt: Sie zu verstehen ist nahezu unmöglich.
Sie leben nicht im Hier und Jetzt, sondern in ihrer wundervollen Fantasiewelt.

Wie lange hätte es ein Mensch in solch einer Situation ausgehalten?

Wie viel Selbstbewusstsein muss jemand verlieren, um zu realisieren, dass es an der Zeit ist eine Veränderung im Leben hervorzurufen?

Wenn Sie schließlich erkannt haben, dass Ihnen nichts anders übrig bleibt, als sich aus den Fesseln des Narzissten zu befreien, dann packt Sie die Angst aus dem Nichts.
Sie wissen nicht wie Sie die Beziehung verarbeiten sollen und trauern Ihrer Vergangenheit nach.

Den schlimmsten Fehler, den Sie jetzt noch machen könnten, ist sich zu Hause zu verkriechen, um allen Menschen aus dem Weg zu gehen. Bevor Sie dies in die Tat umsetzen, gehen Sie jedoch noch schnell einkaufen, um sich einen Vorrat an Süßigkeiten zu beschaffen. Klingt nach einem tollen Plan, doch tatsächlich machen Sie sich selbst damit nur noch mehr fertig.

Andere Frauen hingegen bevorzugen eher diese Variante:

Ich suche mir einen neuen Freund bzw. eine neue Freundin und stürze mich dann blind in eine Beziehung. Schließlich habe ich Liebe und Zuneigung genauso verdient wie jeder andere Mensch auch. Meine Ex hat mich nicht geschätzt, doch eine andere Person wird das mit Sicherheit können.

Diese Variante, um mit dem Verlust einigermaßen umgehen zu können, kann einfach nicht gut ausgehen. Anstatt die alte Beziehung erst einmal zu verarbeiten, glauben Sie, dass Sie durch eine Neue Ihre Wunden schneller heilen können.

Wenn ich Ihnen jetzt sage, dass Sie damit Ihrem neuen Partner keinen Gefallen tun würden, dann werden Sie erstmal heftig den Kopf schütteln und mir zu wissen geben, dass ich es nicht besser wüsste.

Meinen Sie, es wäre dem Partner gegenüber fair?

Statt Süßigkeiten, eine neue Beziehung und Isolation sollten Sie lieber etwas Zeit mit Ihren Freunden verbringen und Ihren Hobbys nachgehen, um den Kopf freizubekommen. Nehmen Sie sich Zeit für all die Dinge, die Sie in Ihrer Beziehung bisher nicht tun konnten. Beweisen Sie sich selbst, dass Sie keinen Partner brauchen, um auf der Welt alleine zurechtzukommen. Sie sind ein liebenswerter und wertvoller Mensch und das sollten Sie zu schätzen wissen, wenn Sie jeden Morgen in den Spiegel blicken.
Um mit einem Verlust rational umgehen zu können, bedarf es also Zeit und gute Methoden, um diesen zu verarbeiten.

Seien Sie ehrlich zu sich selbst: War Ihr Beziehungspartner tatsächlich „perfekt“ in Ihren Augen?
Offensichtlich nicht, doch viele Menschen, die sich von ihrem Partner trennen, neigen dazu, diesen urplötzlich zu idealisieren:
„Er war so perfekt.“, „Wir haben so viele schöne Momente miteinander erlebt.“
Verlust und Trauer heißt mehr oder weniger das Schöne zurückzuverlangen.
Sie sehnen sich nach der Vergangenheit, anstatt sich die negativen Seiten einer Person vor Augen zu führen.

Werden Sie sich nach der Trennung folgendes bewusst: Sie haben die richtige Entscheidung getroffen, weil Ihr Partner Sie viel zu oft enttäuscht hat. Er hat Sie missbraucht und Ihnen das Leben schwer gemacht. Sie haben einen „besseren“ Menschen verdient, der Sie für die Person würdigt, die Sie sind.

Lassen Sie die Trauer raus! Lassen Sie Ihre Ängste und die tiefe Wut in Ihnen raus! Und verzeihen Sie der Person, um schlussendlich loszulassen! Verzeihen tun Sie letztendlich nur für sich selbst und nicht für die Person, die Sie verletzt hat. Das müssen Sie erkennen, um endlich mit der Vergangenheit abzuschließen.

Liebe ist schwer, vor allem dann, wenn man ihr noch eine Chance geben möchte. Sie werden sich wieder verlieben und da bin ich mir sicher. Die alten Selbstzweifel werden bei einer neuen Beziehung wieder ersichtlich und diese können Sie dann auch schwer verdrängen. Statt sich der Selbstzweifel hinzugeben, sollten Sie ganz viel Selbstliebe tanken.

Ändern Sie Ihre Lebenseinstellung, um Ihr Selbstbewusstsein zu steigern: „Keiner kann mit etwas antun. Ich schaffe das! Ich bin stark genug, um mir zu beweisen, dass ich eine wundervolle Person bin.“

Liebeskummer bedeutet auch, dass Ihr Körper, aber auch Ihre Seele akut unter dem Kummer leidet.
Die Produktion der Glückshormone Dopamin und Serotonin wird heruntergefahren und es werden vermehrt die Stresshormone Cortisol und Adrenalin ausgeschüttet.
Dass Sie sich ausgelaugt, erschöpft und gereizt fühlen lässt sich dann ganz klar auf Ihre Psyche zurückführen.
Da Ihnen etwas weggenommen wird, in dem Fall Liebe, fühlen Sie sich wortwörtlich wie ein Drogensüchtiger dem die Drogen entzogen wurden.
Das alleine zeigt umso mehr, wie belastend Liebeskummer doch für Seele und Körper sein kann.

Liebeskummer an sich lässt sich in vier unterschiedliche Phasen aufteilen:
In der ersten Phase fühlen wir uns hoffnungslos und verzweifelt. Wir wissen nicht, wie wir mit der gesamten Situation umzugehen haben.
In der zweiten Phase spüren wir dann wie all unsere Gefühle ausbrechen. Wir spüren entsetzliche Schmerzen und werden von einer unendlichen Traurigkeit heimgesucht. In dieser Phase befinden wir uns bereits im Tiefpunkt unserer Trauer.
Nachdem wir diese Phase überstanden haben, kommt dann die eigentliche Neuorientierung. Wir fangen langsam an

rational zu denken und erkennen, warum die Trennung eigentlich genau die richtige Entscheidung war. Anschließend erleben wir die letzte Phase des Liebeskummers, wo wir mit der Trennung abschließen und ein neues Leben beginnen wollen.

Nun verstehen Sie auch, warum eine Trennung nicht immer leicht zu verarbeiten ist, auch wenn man sich das meistens nach einer Trennung innig wünscht.

Seien Sie sich im Klaren darüber, dass Ihnen nichts weggenommen, sondern etwas zurückgegeben worden ist.

Sie haben Freiheit, Freude, Stärke gewonnen und einen Menschen hinter sich gelassen, der Ihnen dies nicht geben wollte. Eine Trennung ist keine Niederlage, sondern eine Lektion im Leben. Assoziieren Sie Ihre Schmerzen mit den positiven Dingen und Sie werden sich mit Sicherheit besser fühlen. Klar, das ist leichter gesagt als getan, doch es gibt immer eine Möglichkeit das Negative aus dem Leben zu verbannen.

Auch Ihre Schuldgefühle müssen akzeptiert werden, um anschließend verarbeitet werden zu können.

Dies können Sie erreichen, indem Sie die Verantwortung für Ihre vergangenen Handlungen tragen und einsehen, dass Sie auch nur ein Mensch sind, der nun einmal nicht perfekt ist.

Lernen Sie aus Ihren Erfahrungen und Erkenntnissen und erkennen Sie, dass das neue Wissen Ihnen zukünftige dabei helfen wird Beziehungen besser einzuschätzen und damit auch Schmerzen zu vermeiden.

Kapitel 11

Therapeutische Behandlung

Tatsächlich gibt es viele Narzissten, die freiwillig zur Therapie gehen, entweder aufgrund von bestehenden Schwierigkeiten in der Partnerschaft oder psychischen Problemen, wie etwa Depressionen, Sucht, Suizidgedanken etc. Laut dem Narzissten selbst liegen die Ursachen für die eigenen Probleme hauptsächlich im Umfeld.
Er ist innig davon überzeugt, dass er etwas sehr „besonderes“ ist und tolle Fähigkeiten hat, die von jeden bewundert und geschätzt werden müssen. Sein Umfeld, hingegen, würde ihn dennoch, trotz seiner Besonderheiten, nicht mit Würde und Respekt behandeln und ihm nicht die nötige Aufmerksamkeit schenken, die er eigentlich verdient hätte.

Als Folge dessen fängt der Narzisst an zu glauben, dass alle neidisch auf ihn sind und ihn nur ausnutzen wollen. Mit dieser Einstellung erhofft er sich vom Therapeuten endlich eine Antwort auf seine Fragen und das „komische“ Verhalten seines Umfeldes zu bekommen, weshalb er den Therapeuten in der ersten Phase der Therapie überbewertet. Merkt er jedoch schnell, dass er aus der Therapie nicht das bekommt, wonach er gesucht hat, neigt er dazu, den Therapeuten zu entwerten und in Erwägung zu ziehen nicht mehr zur Therapie zu gehen.

Das ist dann häufig auch eine große Überforderung für den Therapeuten selbst, da ihm bewusst ist, dass er den Narzissten zwar nicht heilen kann, ihm jedoch nur dabei helfen kann seine Gefühle und Emotionen etwas unter Kontrolle zu bekommen. Wenn der Therapeut dies nicht schafft, belastet ihn das meistens auch selbst.

Was hier nicht geleugnet werden darf, ist die Tatsache, dass Narzissten dann umso mehr dazu neigen Suizidversuche zu begehen, was nicht selten vorkommt.

Daher ist es für Narzissten auch essenziell die Therapie nicht aufzugeben und am Ball zu bleiben. Die Therapie selbst setzt sich aus verschiedenen Prinzipien zusammen. Der Therapeut hilft dem Narzissten durch Empathie-Training zu verstehen, was Empathie eigentlich genau bedeutet.

Da Narzissten selbst nie Empathie für Menschen empfinden konnten, gibt der Therapeut sich die Mühe, die Signifikanz und Bedeutung der Empathie so verständlich wie nur möglich zu vermitteln.

Neben dem Empathie-Training werden auch narzisstische Verhaltensweisen genauer unter die Lupe genommen, um

dem Patienten dabei zu helfen, diese zu reduzieren. Dem Patienten werden Tipps bezüglich Beziehungen gegeben, damit dieser in Zukunft eine bessere Beziehungsfähigkeit aufweist.
Zu guter Letzt soll auch am Selbstwertgefühl gearbeitet werden. Der Patient muss lernen, dass sich nicht alles nur um ihn selbst dreht und jeder andere Mensch, genau wie er selbst, es verdient hat gewürdigt und respektiert zu werden.

Da der Narzisst durch die elterliche Erziehung gelernt hat, dass dies nicht so ist, wird es umso herausfordernder für den Therapeuten diese Nachricht erfolgreich zu vermitteln. Schließlich prägt die Erziehung der Eltern einen ein Leben lang.
Da Narzissten jedoch gelegentlich mit negativen Gefühlen zu kämpfen haben, spezialisiert sich der Therapeut bei seiner Therapie auch genau auf dieses Feld.

Er möchte dem Narzissten zu wissen geben, dass er nicht nur die Menschen in seinem Umfeld akzeptieren muss, sondern auch sich selbst, denn nur so schafft er es letztendlich, seine psychischen Probleme in den Griff zu bekommen.
Da vor allem Narzissten die Lebenseinstellung vertreten, immer etwas leisten zu müssen, bevor sie sich selbst etwas zugutekommen lassen können, kommt es zur mangelnden Versorgung ihres Selbst. Sie belohnen sich viel zu wenig für

die Dinge, die sie sich hart erarbeitet haben. Dadurch verweilen sie in einem Nest der dunklen Gefühle und wissen nicht mehr hinaus.
Die eigenen Bedürfnisse, wozu auch Selbstliebe und Selbstachtung gehören, werden bewusst nach hinten gestellt, denn die Befriedigung von solchen Bedürfnissen sieht der Narzisst gar nicht erst als essenziell an bzw. wurden ihm nie als solches vermittelt.

Laut Psychologen kann eine Therapie dennoch große Wunder bewirken: Nach zwei Jahren Therapie würden sich die meisten narzisstischen Patienten deutlich besser fühlen und hätten eine Chance psychische Krankheiten wie beispiels-weise Depressionen ohne Probleme unter Kontrolle zu bekommen oder sogar zu heilen.

Abschließend möchte ich allen Narzissten mitgeben,
dass sie keinesfalls auf eine Therapie verzichten oder diese unterbrechen sollten.
Um die Therapie erfolgreich zu überstehen, bedarf es nämlich immer reichlich Geduld und Zuversicht.

Kapitel 12

Lieber Narzisst,...

Ich habe Gefühle genauso wie du sie hast.
Deine Bedürfnisse sehe und unterstütze ich und deshalb möchte ich auch, dass du meine erkennst und respektierst.
Ich möchte dich nicht verändern und deshalb solltest du mir auch die Freiheit geben, ich selbst zu sein.

Du fühlst dich angesprochen?

Manchmal ist es für dich aber am besten nicht zuzuhören.

Und dennoch hörst du zu?

Dann heißt das wohl, dass du zu viel Wert auf die Meinungen anderer legst.

Schließe die Augen und sage mir, ob du in dir so etwas wie Dankbarkeit verspürst?

Meine Stimme sagt mir, dass Narzissten diese nicht zu schätzen wissen. Stimmt das? Ich will laut aufschreien, aber tue es nicht, weil ich dich liebe. Du schreist mich an und meinst dennoch, ich würde dir etwas bedeuten.
Kühle Tränen im Verborgenen, du siehst sie, tust trotzdem so, als hättest du sie nie zu Gesicht bekommen.
Mein bester Freund bist du immer noch!
Schmerz, Leid und Trauer - Du bist es wert. Die kleine Stimme in dir will das nicht wahrhaben. Ganz tief in dir ist die Leere, die du mit stickiger Luft zu füllen versuchst und damit tust du dir keinen Gefallen.
Du magst ein Narzisst sein, aber wen ich sehe ist ein Mensch.
Liebe, die kennst du nicht und ich verüble es dir nicht.
Manchmal lohnt es sich aber der Person vor dir, mir, ins Gesicht zu schauen. Ich sehe nämlich deine Seele und möchte, dass auch du sie in mir erkennst.
Schaue mir in die Augen und schweige. Schweige und sag mir was du siehst.
Keine Wut, keine Arroganz und keine Rache; ich bin du in meinen Augen.

Siehst du dein Spiegelbild?

Traust du dich jetzt, mir ins Gesicht zu sagen, dass ich dir nichts bedeute, obwohl uns das, dieser Augenblick, hier verbinden tut.

Wenn es regnet, dann nur Wörter und wenn du schweigst, dann sind es Augenblicke, die wir sehen und schätzen lernen. Schweigen kann binden, wenn Wörter dazu nicht imstande sind.

Über wen rede ich?
Über diese eine Person.
Schaue in dir. Kennst du sie?
Diese eine Person, die dir das Leben schwer macht und dir die Liebe nicht schenkt, die du auf jeden Fall verdient hättest?
Wie fühlst du dich?

Ich fühle mich missverstanden. Diese eine Person versteht einfach nicht, was ich sage. Es ist als ob die Person unsere gemeinsame Sprache verlernt hätte. Heute sprechen wir beide nicht mehr dieselbe Sprache und das ist vielleicht auch das beste für uns.
Dann geht nämlich erst die Sonne auf und du erkennst, dass es die Wolken waren, die dir die Sicht versperrt haben.
Du warst nicht blind, sondern verwirrt.
Verwirrt, weil du plötzlich nicht mehr erkennst, wer die Person vor dir ist.
Wenn du sie betrachtest, dann lächelst du und wenn sich die Stimme dann erheben tut, dann spürst du die Angst.

Das Gefühl der Verzweiflung kennen wir nur zu gut. Verzweifelt bist du häufig, aber genau diese Art von Verzweiflung macht dir gleichzeitig auch furchtbare Angst.
Du fühlst dich wie die größte Enttäuschung auf Erden. Warum? Weil du in der Spiegelung des Wassers die Trauer und Angst in deinem Gesicht erkennst. Die Angst ist nicht in dir, sondern bei dir. Sie begleitet dich und du fürchtest dich davor von deiner Begleitung loszulassen.
Eine Begleitung kommt und geht, aber das hast du noch immer nicht erkannt.
Im Strudel der Gedanken findet man keine Ordnung und dennoch, versuchst du diese Ordnung in deinem Leben anzustreben, anstatt die wahren Problemen zu lösen. Du läufst weg, wobei die Strecke, die du zurücklegst, kein Ende findet. Nimmst du jedoch die Abkürzung, dann bist du schneller am Ziel.

Gebe nicht auf und schaue nach vorn.
Was ist dein Lebensziel?
Wie willst du dich fühlen?
Zwei Fragen, eine Antwort: Glück(-lich).

Kapitel 13

Lieber Empath,...

Nach meiner emotionslosen Scheidung ging es mir schlechter denn je zuvor. Psychisch mit der Welt am Ende, wandte ich mich an einem Arzt, in der Hoffnung, dass dieser mir mit meinen gesundheitlichen Problemen weiterhelfen konnte.
Meine Symptome hielten sich nicht in Grenzen: Migräne, starke Magenschmerzen, ständige Schwindelanfälle, ein Schwächegefühl und gelegentliche Übelkeit.
Bestimmt nur eine Grippe, dachte ich mir.
Eine Grippe, die etwas länger anhielt als üblich.
Wenn ich heute auf die quälende Zeit zurückblicke, die ich während und nach meiner Ehe überstehen musste, dann tue ich mir mehr als Leid.
Die Tatsache, dass ich nach der Trennung wirklich geglaubt habe, es sei „nur“ eine Grippe gewesen, die kommt und auch wieder verschwindet, war eine ziemlich lächerliche Ausrede, um mich mit meinen eigentlichen Problemen nicht auseinandersetzen zu müssen. Ich habe nichts gegen meine

Schmerzen unternommen, mir keine Unterstützung gesucht, weil ich Angst hatte, von den Menschen nicht verstanden zu werden. Schließlich wussten sie nicht annähernd, was ich durchgemacht hatte.
Um nochmal auf die Arztgeschichte zurückzukommen: Mein Arzt hielt mich für komplett verrückt. Eine Frau, die bestimmt nur etwas überfordert mit ihren Kindern war, hieß es. In dem Moment verstand ich die komplette Welt nicht mehr!
Was hat das denn jetzt mit meinen Kindern zu tun?
Zu diesem Zeitpunkt hatte ich weder Laune noch Energie, um mit dem lieben Doktor eine ehrliche Unterhaltung zu führen. Ich fühle mich alleine gelassen und missverstanden.
Verzweifelt versuchte ich mir krampfhaft einzureden, dass ich noch bei Verstand war. Meine Kinder hatten das alles nicht verdient. Ich hatte das Gefühl in jeglichen Rollen meines Lebens versagt zu haben.
Heute, zurückblickend, weiß ich, dass mein Körper lediglich eine Reaktion auf Stress gezeigt hatte. Mir war nicht klar, dass ich mir zu viel Druck gemacht hatte: Ich musste auf meine Kinder ohne jegliche Unterstützung aufpassen, hatte Umzugsstress, musste mir von meiner Familie anhören, dass ich doch total die Nerven verloren hätte.
Um es kurz und knackig zu fassen: Es war alles einfach viel zu viel. Meine Gedanken wollten einfach nie Ruhe geben!
Ich war zutiefst enttäuscht von mir selbst und konnte

mir nicht wirklich erklären, warum dieses Gefühl der Enttäuschung nach der Scheidung Teil meines Lebens wurde. Nach der Trennung hatte ich mir eigentlich etwas ganz anderes erhofft: Erleichterung, innere Ruhe und Freiheit. Die Freiheit hatte ich, aber die innere Ruhe und Erleichterung wurden mir verwehrt.
Wenn einem die Lust am Leben vergeht, dann weiß man, dass etwas völlig aus dem Ruder gelaufen ist. Ich wollte leben, aber das Leben schien mich in diesem Zeitpunkt nicht mehr zu wollen.

Eines Tages rief mich meine alte Nachbarin dann aus dem Nichts an. Wir verstanden uns ziemlich gut.
Sie erkundigte sich über meinen Umzug und fragte mich, ob sie vorbeikommen könnte.
Der Drang „Nein“ zu sagen war zu diesem Zeitpunkt ziemlich groß. Ich sehnte mich nicht nach Besuch, doch sagte aus meinem schlechten Gewissen heraus schließlich zu. Als sie mich dann schließlich besuchen kam, musterte sie mich ganz auffällig:
„Du siehst ja ziemlich fertig aus!“
Mitleidsvoll schaute sie mich an.
Genauso fühlte ich mich auch: fertig.
Jetzt hatte mir das endlich mal jemand ins Gesicht gesagt.
Ob mir das bewusst war?

Wahrscheinlich erst, als ich die Worte aus dem Mund meiner alten Nachbarin zu hören bekam.
„Das kann nicht so weitergehen mit dir. Wir kennen uns doch ganz gut! Kann ich dir irgendwie behilflich sein?"
Mir helfen, dachte ich. Da war ich mir gar nicht so sicher.
„Alles bestens mit mir. Soll ich Ihnen einen Tee machen?"
„Eigentlich nicht."
Verwirrt schaute ich sie an. *Wie eigentlich nicht?*
Meine Nachbarin schüttelte den Kopf und meinte nur: „Du darfst reden."
Dürfen? Ich verstand sie nun gar nicht mehr.
„Na, erzähl schon. Du weißt, dass du mir alles sagen kannst… Ich verrate dir mal etwas. Meine Eltern sind gestorben als ich etwa Mitte zwanzig war. Wir waren nie wirklich auf einer Wellenlänge. Als ich dann etwas älter wurde, haben wir kaum mehr Kontakt gehabt. Warum? Das kann ich dir nicht sagen. Lag vielleicht auch an mir, ich tat nämlich Dinge, die ihnen immer wieder missfielen. Ich war stets die Person, die es allen recht machen musste. Davon hatte ich dann langsam die Schnauze voll. Als ich aber darüber informiert wurde, dass meine Eltern einen Unfall hatten, konnte ich das gar nicht glauben. Ich war zutiefst verletzt, obwohl ich diese Enttäuschung ihnen gegenüber schon recht lange in mir hatte."
Die alte Dame vor mir wurde unruhig.
Die Schmerzen waren ihr ins Gesicht geschrieben.

„Verlust und Trennung sind grausam, aber dir muss bewusst werden, dass das Leben immer auf Zeit läuft. Deine Uhr tickt und wenn du sie einfach laufen lässt, ohne etwas zu unternehmen, dann tickt für dich die Selbstzerstörung."
Klingt ganz tragisch, dachte ich mir.
„Schau mal, du hast drei Kinder und bist eine wundervolle Mutter. Was fehlt dir dann noch?"
Meine Gefühle der Angst und Enttäuschung überkamen mich nun ein weiteres Mal.
Ich konnte sie schon gar nicht mehr zurückhalten.
„Eigentlich gar nichts.", gab ich ehrlich zu. „Es ist nur...ich fühle mich einsam."

Einsam nach einer Trennung?
Verständlich, doch wie lange darf das Gefühl der Einsamkeit denn noch bestehen bleiben?
Von wo kommt diese innere Enttäuschung?
Warum muss eine Trennung eigentlich immer kräftezehrend sein?

Trennung oder auch Verlust sind nicht nur sehr schmerzhaft, sondern auch am schwersten zu verarbeiten. Am Ende des Tages realisiert man, dass alles seine Zeit braucht. Wunden können nicht von einem auf den anderen Tag geheilt werden und das ist auch völlig in Ordnung. Wenn man seelisch und körperlich missbraucht wurde, dann ist es umso schwerer einfach alles hinter sich zu lassen und einen „Neubeginn“ zu wagen. Dennoch, das alles sollte sie umso mehr dazu motivieren sich Zeit dafür zu nehmen, neue Kraft und Energie zu tanken. Bei einer Trennung kann es immer sehr hilfreich sein, sich mit Menschen zu umgeben, die einen sehr zu schätzen wissen. Wenn Ihnen auch solche Menschen im Leben fehlen, dann sollten Sie sich trotzdem eine Person suchen, mit der sie über alles reden können. Ob das nun eine völlig fremde Person ist, kann Ihnen hier gleichgültig sein. Reden tut nämlich immer gut, während das Unterdrücken der Gefühle eine Situation immer nur verschlimmern kann.

Was ich aus meiner komplizierten Trennung gelernt habe?

Dass das Hineinsteigern in einer Situation einen um ein Vielfaches mehr verletzen kann als, wenn man dies unterlässt. Ich habe mir die schlimmsten Dinge ausgemalt,
um mir vor Augen zu führen, dass mein Leben doch eine Zeitverschwendung ist.

Schuld - Ein Gefühl, dass mich ständig begleitete, weil mein narzisstischer Ex-Partner mir diese offiziell bei der Trennung zugeschrieben hatte. Ich fühlte mich schuldig, aber bereute die Trennung keine Sekunde.
Heute fühle ich mich jedoch nicht mehr schuldig: Ich sehe ein, dass das Scheitern der Ehe uns beiden verschuldet ist. Ich

möchte keine Schuldzuschreibungen machen, weil ich der Ansicht bin, dass bei einer Trennung beiden Partner gleich viel „Schuld“ zusteht.
Meine Schuld war es mich von Anfang an auf ihn einzulassen und mir jahrelang einzureden, dass Konflikte bei einer Ehe völlig „normal“ sind. Klar, Konflikte gehören bei einer Ehe oder Beziehung dazu, aber wenn es tagtäglich zu heftigen Diskussionen kommt, dann ist etwas bei der Beziehung faul.

Danksagung

Hiermit bedanke ich mich herzlich bei meinen Lesern und hoffe sehr, dass Sie eine Lektion aus dem Buch mitnehmen konnten:
Sie sind etwas ganz Besonderes und wenn Sie bereits an „schlechte“ Menschen geraten sind, dann ist es niemals Ihnen verschuldet.
Zu oft habe wir uns mit Menschen unterhalten, die uns nach einer gewissen Zeit unsympathisch wurden. Das hat rein gar nichts mit Ihnen zu tun, sondern mit der Person selbst!
Sie geraten an solche Menschen, weil Sie diese schwer durchschauen können. Obwohl immer wieder behauptet wird, dass Menschen sich wie „Bücher“ lesen lassen, ist dies offensichtlich nicht immer der Fall. Es geht letztendlich nicht darum „gelesen“, sondern verstanden zu werden. Sie öffnen sich einem Menschen, weil Sie in erster Linie dessen Hilfe benötigen. Wenn wir zum Arzt gehen, dann mit der Absicht eine Diagnose zu bekommen. Alles, was wir tun verfolgt die Absicht etwas im Gegenzug zu bekommen.
Wenn Sie eine selbstgesteuerte Zukunft wollen, dann müssen Sie die Initiative ergreifen und dafür kämpfen, denn nur so können Sie diese für sich realisieren.
Ich wünsche Ihnen viel Stärke, Gelassenheit und Erfolg für die Zukunft!

Es gibt nur zwei Tage im Jahr, an denen man nichts tun kann. Der eine ist Gestern, der andere Morgen. Dies bedeutet, dass heute der richtige Tag zum Lieben, Glauben und in erster Linie zum Leben ist.

- Dalai Lama -

Printed in France by Amazon
Brétigny-sur-Orge, FR

17054910R00087